황금비 수학동화

황금비 수학동화

1판 1쇄 발행 | 2011년 12월 9일
1판 3쇄 발행 | 2019년 3월 11일

글쓴이 | 함기석
그린이 | 김지현

등록 | 1988년 1월 21일 (제406-2000-000202호)
주소 | 경기도 파주시 회동길 152
전화 | 031-955-0670
팩스 | 031-955-0661~2
편집부 | 02-325-0327

ⓒ 함기석 | 김지현, 2011
ISBN 978-89-6155-269-1 73410

- 책값은 뒤표지에 있습니다.
- 저작자와의 협의에 의해 검인지를 생략합니다.
- 저작자와 출판사의 허락 없이 이 책의 일부 또는 전체를 인용하거나 발췌하는 것을 금합니다.

어린이제품안전특별법에 의한 제품 표시
제조자명 파랑새 | 제조년월 2019년 3월 | 제조국 대한민국 | 사용연령 7세 이상

황금비 수학동화

함기석 글 | 김지현 그림

파랑새

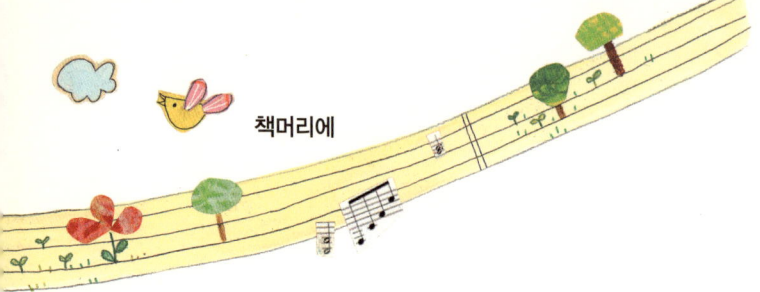

책머리에

수학으로 세상 곳곳에 숨은 규칙과 진리를 발견해 보아요

많은 어린이들이 수학을 어려워하고 싫어합니다. 이유가 뭘까요?

어른들 때문입니다. 어른들이 수학을 놀이가 아닌 학습의 대상으로만 생각하고 아이들을 교육시키기 때문입니다. 시험과 평가에 의해 아이들을 서열화 시키기 때문입니다.

수학은 공부의 대상이기 이전에 놀이의 대상입니다. 놀이는 재미있고 즐거워야 합니다. 놀이에서는 체험과 활동성이 강조되고, 이것이 상호 소통을 가능하게 합니다. 수학 교육 또한 마찬가지여야 합니다.

미래의 수학 교과서는 딱딱한 개념 설명과 문제 풀이 중심에서 벗어나 개념의 역사적 배경, 인물과 사건을 통해 개념을 보다 흥미롭게 이해시키는 스토리텔링(story-telling) 방식으로 바뀌어야 합니다. 체험 수학, 활동 수학, 창의 수학, 이야기 수학의 비중이 더욱 커져야 합니다.

저는 이런 생각을 바탕으로 이 동화책을 쓰게 되었습니다.

수학은 세상 곳곳에 숨은 규칙과 진리를 발견해 가는 아름다운 과정입니다. 자연과 우주가 간직한 아름다운 비밀들 중 하나가 바로 황금비입니다. 황금비는 인간의 눈과 마음을 가장 편안하게 해 주는 신비로운 수학 비율입니다.

고대 이집트의 피라미드, 밀로의 비너스와 파르테논 신전, 파리의 개선문, 시드니의 오페라 하우스, 경주의 석굴암 같은 인공물뿐만 아니라 수많은 동식물에게서도 황금비가 발견됩니다.

황금비는 우리의 일상생활에서도 볼 수 있습니다. 신용카드, 크리스마스 카드, 생일 축하 엽서, 창문, 액자, 거울, 책, 핸드폰, 텔레비전 화면, 컴퓨터 모니터 등 생활 속 수많은 물건들이 황금비로 되어 있습니다.

따라서 황금비가 무엇이고 어떤 원리와 규칙을 갖는지 근본적으로 이해한다면 우리 자신과 우리가 속한 현실, 나아가 자연과 우주를 보다 깊이 있게 생각하고 상상할 수 있을 것입니다.

어린이 친구들이 이 책을 통해 세상 곳곳에 숨은 수학의 비밀들을 발견할 수 있는 눈과 마음이 열리길 바랍니다. 또한 자연과 우주의 아름다운 현상들이 수학적 조화와 균형 속에서 발생한다는 사실도 깨달았으면 좋겠습니다.

무엇보다도 수학과 참 좋은 친구가 되었으면 좋겠습니다.

2011년 가을
함기석

차례

첫째 날
황금비나라에서 온 수학 토끼 피보 8

📝 **마로의 황금비 일기**

황금비(黃金比)의 뜻과 유래
황금분할(黃金分割)
황금사각형과 황금사각형을 이용한 생활도구

둘째 날
아름답고 신비로운 들꽃 벌판 36

📝 **마로의 황금비 일기**

수학자 피보나치(1170~1250년)
피보나치수열에 숨어 있는 신기한 규칙들
피보나치수열에 숨어 있는 황금비
피보나치수열과 루카스수열

셋째 날
하늘을 나는 아이들   62

✏️ **마로의 황금비 일기**

황금마름모
황금삼각형
정오각형 속의 황금비와 피타고라스의 별
황금나선

넷째 날
마법의 키자르 샘물   86

✏️ **마로의 황금비 일기**

식물에 숨어 있는 피보나치수열과 황금비
동물에 숨어 있는 피보나치수열과 황금비

마지막 날
잠이 오지 않는 밤   116

✏️ **마로의 황금비 일기**

건축물에 숨어 있는 황금비
황금비를 응용한 펜로즈 타일

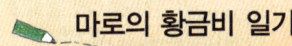

첫째 날

황금비나라에서 온
수학 토끼 피보

평화로운 마로 할아버지네 농장입니다.

염소들이 풀밭에서 맛있게 풀을 뜯고 있습니다. 바람도 배가 고픈지 열심히 풀밭을 핥아 먹고 있습니다. 풀밭 여기저기에 귀엽고 예쁜 들꽃들이 아롱아롱 피어 있습니다. 꽃들 사이로 노란 나비들이 하늘하늘 날아다닙니다. 꿀벌들이 이 꽃 저 꽃 옮겨 다니며 냠냠 쪽쪽 맛있게 꿀을 빨아 먹습니다.

마로와 다로가 민들레언덕에서 뛰놀고 있습니다. 아이들이 깔깔거리며 호들갑스럽게 떠들자 머리에 노랑 모자를 쓴 민들레들이 쳐다봅니다.

"아휴, 쟤네들 때문에 시끄러워 죽겠네."

민들레 꽃잎에 앉아 쉬던 무당벌레가 쫑알거립니다. 빨간 등에 일곱 개의 까만 점이 찍혀 있습니다. 활짝 날개를 펴고는 언덕 아래로 날아갑니다. 마로가 쫓아갑니다. 무당벌레를 잡으려고 쫓아갑니다. 다로도 한쪽 팔을 빙빙 돌리며 뒤쫓아 갑니다.

"형! 좀 천천히 달려."

마로는 바람에 머리칼을 휘날리며 점점 빠르게 내달립니다. 다로도 숨을 헐떡이며 뒤쫓습니다.

밤나무 밑에 앉아 동화책을 읽던 아로가 쳐다봅니다. 목을 길게 빼고 아기 오리처럼 오빠들을 쳐다봅니다. 오빠들이 너무 빨리 달리는 것 같아 불안한 마음이 듭니다.

바로 그때입니다. 다로가 굽은 길을 돌다가 돌부리에 턱, 걸려 넘어집니다.

"아야!"

앞서서 달리던 마로가 멈추어 섭니다. 뒤를 돌아보고는 다로가 넘어진 곳으로 뛰어갑니다.

"다로야, 괜찮아?"

아로도 책을 덮고 일어나 오빠들이 있는 곳으로 뛰어갑니다.

"작은오빠, 안 다쳤어?"

다로는 넘어지면서 땅바닥에 얼굴이 쓸렸습니다. 왼쪽 뺨과 눈 위가 조금 까져 빨간 상처가 생겼습니다. 다로가 인상을 찡그리며 형을 쳐다봅니다. 마로는 미안한 표정입니다. 자기가 너무 빨리 달리는 바람에 뒤쫓던 다로가 넘어진 것만 같습니다. 마로는 다로의 다친 곳을 입으로 호호 불어 줍니다.

잠시 후 아이들은 다시 언덕 위로 올라갑니다. 나란히 앉아 하늘을 바라봅니다. 하얀 구름들이 하늘 풀밭에 옹기종기 모여 풀을 뜯는 양 떼 같습니다.

아로가 동쪽 하늘을 가리킵니다.

"오빠, 저 구름 봐. 꼭 고래처럼 생겼어."

다로는 말없이 동쪽 하늘을 바라봅니다. 커다란 구름이 정말 고래처럼 생겼습니다. 구름을 고래로 생각하자 하늘이 바다로 보입니다. 하늘을 날아가는 새들이 작은 물고기로 보입니다.

"와, 오빠. 저 구름은 새우 같아."

아로가 자기 곁에 바짝 다가앉아 쫑알쫑알 속닥거리자 다로는 다시 기분이 좋아집니다. 다친 곳이 하나도 아프지 않은 것 같습니다.

오빠의 표정이 밝아지자 아로도 기분이 좋아집니다. 아로의 얼굴에 환한 미소가 금빛 아지랑이처럼 피어오릅니다. 민들레언덕을 지나가던 해님이 발걸음을 멈추고 아이들과 농장을 내려다봅니다.

아이들은 잠시 아무 말 없이 하늘만 쳐다봅니다. 민들레언덕 저편 풀밭에서 맑고 투명한 휘파람 소리가 들려옵니다.

아로가 묻습니다.

"오빠, 이게 무슨 소리야?"

아이들은 호기심이 생겨 풀밭으로 갑니다. 고개를 두리번거리며 소리가 나는 곳을 찾습니다.

"어, 저기 봐! 토끼야."

마로와 다로는 아로가 가리키는 곳을 바라봅니다. 들꽃들이 흐드러지게 핀 비탈에서 토끼 한 마리가 꽃잎을 따며 휘파람을 불고 있습니다.

"어서 가 보자."

아이들은 몸을 숙이고 천천히 토끼를 향해 다가갑니다.

"쉿! 조용히 해. 도망갈지도 몰라."

마로가 동생들에게 속삭입니다.

아이들이 다가가는 것도 모르고 토끼는 계속 휘파람을 불며 꽃잎을 땁니다. 기분이 좋은지 신 나게 휘파람을 붑니다.

아이들은 조심조심 다가가 너럭바위 뒤에 숨습니다. 눈만 살짝 내밀고 토끼를 바라봅니다.

가까이에서 보니 평범한 토끼가 아닙니다. 몸 전체가 노란색이고 이상하게 생긴 초록색 뿔테 안경을 쓰고 있습니다. 어깨에는 달팽이 모양의 가방을 메고 있습니다.

"오빠, 좀 더 가까이 가서 볼래."

"안 돼. 금방 눈치 채고 도망갈 거야."

마로가 가지 말라고 말립니다. 하지만 아로는 바위 뒤에서 나와 살금살금 다가갑니다. 다로도 살금살금 따라갑니다. 그 순간 바스락 소리가 납니다. 아이들의 발소리를 들었는지 둥글게 구부러져 있던 토끼 귀가 바짝 섭니다.

아로랑 다로는 그대로 걸음을 멈춥니다. 제자리에 웅크리고 앉아 숨을 죽입니다.

"조용히 해. 쉿!"

다로가 개미처럼 작게 소곤거립니다.

잠시 후 아로는 천천히 고개를 들며 일어납니다. 토끼가 보이지 않습니다.

"에이, 도망갔잖아."

바위 뒤에서 마로가 나오며 투덜거립니다.

"너희 때문이야."

"난 아무 잘못 없어. 아로가 가서 그냥 따라간 거야."

아이들이 티격태격하고 있는데 뒤쪽에서 웃음소리가 들립니다.

"얘들아, 안녕!"

아이들은 얼른 뒤를 돌아봅니다. 베어진 밤나무 그루터기에 토끼가 앉아 있습니다. 손바닥에 놓인 꽃잎들을 하나하나 세고 있습니다. 노란 꽃잎, 빨간 꽃잎, 파란 꽃잎 등 헤아린 꽃잎 수를 수첩에 적고 있습니다. 코끝으로 내려온 안경을 밀어 올리고는 아이들을 쳐다봅니다. 눈이 휘둥그레진 아이들도 뚫어져라 토끼를 쳐다봅니다.

"그렇게 이상한 눈으로 쳐다볼 것 없어."

토끼가 일어나면서 말합니다.

"난 피보라고 해. 황금비나라에서 왔어."

아로가 눈을 말똥거리며 묻습니다.

"황금비나라?"

"황금비나라는 아름다운 마법의 나라야. 매일매일 신 나고 재밌는 일들이 벌어져. 신기한 물건들이 정말 많아."

"어떤 물건?"

피보는 주머니에서 ∅ 모양의 작은 보라색 나무 열매를 꺼냅니다.

"그게 뭐야?"

"황금비나무의 열매야. 파이라고 해."

"파이?"

아로가 가까이 다가가 파이를 만져 봅니다. 아로가 좋아하는 사과 파이나 고구마 파이와는 다르게 생겼습니다.

"먹어 봐. 맛있어."

아로는 파이를 집어 혀끝에 대 봅니다.

"아, 달다."

아로는 파이를 입에 넣고 오물거립니다. 입술을 오므리고 눈꺼풀을 빠르게 깜박거립니다. 침이 묻자 파이는 초콜릿처럼 금방 녹습니다. 녹을수록 처음보다 더 달콤한 맛이 납니다. 입안 가득 향기로운 냄새가 퍼지자 아로는 기분이 무척 좋아집니다. 몸이 점점 가벼워지더니 신기하게도 아로의 몸이 풍선처럼 공중으로 둥둥 떠오르기 시작합니다.

"와!"

아로는 깜짝 놀랍니다. 입을 벌린 채 공중으로 떠오르는 자기 몸을 멍하니 바라봅니다. 마로도 다로도 넋이 나간 표정으로 아로를 바라봅니다. 다로가 눈을 마구 비비고는 다시 쳐다봅니다.

공중을 둥둥 떠다니던 아로가 다시 땅으로 내려오자 다로가 다가갑니다.

"아로야, 괜찮아?"

"응. 괜찮아. 와, 정말 기분 좋다!"

놀란 표정을 짓는 아이들을 바라보며 피보가 웃습니다.

다로는 점점 호기심이 생깁니다. 마로도 마찬가지입니다. 피보가 사는 황금비나라가 도대체 어떻게 생겼을까 궁금해집니다. 꼭 한 번 가 보고 싶다는 생각이 듭니다.

다로가 마로에게 속삭입니다.

"형, 정말 신기해. 저 토끼가 한 말 전부 진짜 같아."

피보가 가방에서 복주머니처럼 생긴 작은 헝겊 주머니를 꺼냅니다. 거기에 꽃잎을 넣으며 말합니다.

"난 너희가 사는 세상에서 꽃이나 나뭇잎, 해바라기나 솔방울처럼 멋지고 신비로운 것들을 찾아서 황금비나라로 가져가기 위해 이곳에 왔어."

"그런 것들이 뭐가 멋지고 신비로워? 어디서나 흔히 볼 수 있는 건데."

"흔하다고 소중하지 않은 게 아니야. 흔하기 때문에 사람들 대부분이 그 소중함을 잊고 사는 거지."

"치-."

아로가 입술을 샐쭉 내밉니다. 그 사이 다로랑 마로가 소곤거립니다. 무슨 비밀 대화를 주고받는 것처럼 보입니다.

다로가 피보를 쳐다봅니다.

"피보, 우리 황금비나라에 가 보고 싶어. 우릴 황금비나라로 데려가 줘."

피보는 잠시 생각에 잠기더니 입을 엽니다.

"거긴 아무나 갈 수 있는 곳이 아니야. 자격이 있어야 해."

"무슨 자격?"

"황금비나라이기 때문에 황금비에 관한 중요한 사실들과 원리를 모르고 갔다가는 큰일 날 수도 있어."

"큰일이라니?"

"황금비나라는 마법의 나라야. 그래서 잘못했다가는 위험에 빠져 죽을 수도 있어."

죽을 수도 있다는 말에 아이들은 겁이 납니다. 얼굴 표정이 굳어집니다.

"만약 너희가 정말로 황금비나라에 가 보고 싶다면 조건이 있어."

"무슨 조건?"

"여기 이 농장에서 닷새 동안 내가 내는 문제들을 너희 힘으로 푸는 거야. 문제를 풀다 보면 너희는 황금비에 관한 중요한 사실들을 알게 될 거야. 그리고 매일 밤 그날 알게 된 사실들을 일기로 쓰는 거야. '황금비 일기' 말이야. 어때?"

다로와 아로는 입을 꾹 다물고 아무 말도 하지 못합니다. 가만히 듣고 있던 마로가 묻습니다.

"황금비 일기를 쓰라고? 언제부터?"

"오늘 밤부터 당장!"

피보는 바닥에 떨어져 있는 염소똥처럼 생긴 까만 꽃씨들을 주워 입에 넣습니다.

"아, 맛있다. 애들아, 난 그만 가 봐야겠어."

입술을 오물오물 냠냠거리며 피보는 가방에서 황금마스크를 꺼냅니다. 마스크 표면에 햇빛이 비쳐 눈부시게 빛납니다. 눈이 똥그래진 다로가 마스크를 쳐다봅니다.

"우와! 진짜 멋지다. 그건 뭐야?"

피보는 아무 대답도 하지 않고 황금마스크를 얼굴에 씁니다. 그러자 순식간에 피보의 모습이 사라집니다. 투명인간처럼 피보는 머리털 하나 보이지 않습니다. 깜짝 놀란 아이들이 주위를 두리번거리며 피보를 찾습니다.

"피보, 피보! 어디 있어?"

언덕 위 하늘로 황금빛 노을이 번져 오고 있습니다. 언덕 위에서 피보의 웃는 목소리가 들려옵니다.

"하하하! 나 여기 있어. 황금마스크는 투명인간이 되게 해 주는 마스크야. 황금비나라에 가면 이런 거 하나씩은 누구나 다 가질 수 있지."

피보의 모습은 보이지 않고 계속해서 목소리만 들려옵니다.

"만약 너희가 황금비나라에 꼭 가 보고 싶다면 내일 정오에 그곳으로 와!"

마로가 큰 소리로 묻습니다.

"그곳이라니? 도대체 그곳이 어디야?"

"저 벌판의 미루나무와 코끼리폭포 사이의 직선 거리를 황금분할 하는 지점! 그곳을 너희의 지혜로 찾아내는 것이 오늘의 문제야. 그럼 난 이만."

아이들은 얼른 벌판 쪽으로 고개를 돌립니다. 풀과 들꽃으로 뒤덮인 벌판에 백 살쯤 되어 보이는 커다란 미루나무 한 그루가 노을 속에 서 있습니다. 미루나무에서 한참 떨어진 곳에 코끼리폭포가 보입니다. 물이 세차게 쏟아지고 있습니다. 쏟아지는 물줄기가 꼭 코끼리의 코를 닮았습니다.

"피보, 피보!"

마로가 몇 번이나 불러 보았지만 피보의 대답은 들리지 않습니다.

아이들은 할 수 없이 민들레언덕을 내려갑니다. 집을 향해 걸어가며 아로가 묻습니다.

"작은오빠, 좀 전에 피보가 말한 황금분할이 뭐야?"

"나도 모르겠어. 형은 알아?"

"들어 보긴 했어. 하지만 자세한 건 나도 몰라."

"그럼 어쩌지? 황금분할이 뭔지 알아야 그곳이 어딘지 알 수 있을 거 아냐."

아로가 걸음을 멈추더니 마로를 쳐다봅니다.

"큰오빠, 할아버지께 여쭤 보자!"

"좋아. 하지만 방금 있었던 일들은 우리만의 비밀이야. 누구한테도 말하면 안 돼. 알았지?"

아이들은 뛰기 시작합니다.

비탈을 내려가자 할아버지가 보입니다. 농장 울타리 안에서 할아버지는 염소와 닭 들을 우리에 몰아넣고 있습니다.

마로가 울타리 곁으로 다가가 큰 소리로 부릅니다.

"할아버지, 할아버지!"

닭들을 우리에 넣던 할아버지가 아이들 있는 쪽으로 몸을 돌립니다. 이마에 손을 얹고 마로가 서 있는 울타리 쪽을 쳐다봅니다.

"할아버지, 황금분할이 뭐예요?"

할아버지는 잘 안 들리는지 울타리 쪽으로 걸어가며 소리칩니다.

"뭐라고?"

마로는 더 크게 소리칩니다.

"황금분할이요, 황금분할!"

"뭐, 황금불알?"

할아버지의 말을 듣고 아로가 깔깔거리며 웃습니다.

마로네 할아버지는 몇 년 전까지 대학교에서 수학을 가르치던 교수님이었습니다. 지금은 정년퇴직을 하고, 낮엔 농장 일을 하고 밤에는 주로 수학책을 씁니다.

할아버지는 수학자 중에서 고대 그리스의 피타고라스를 가장 좋아합니다. 그래서 할아버지의 제자들은 할아버지를 본래 이름인 '피두만 교수님'이라고 부르지 않고 '피타고라스 교수님'이라고 부릅니다.

하지만 마로와 다로의 동네 친구들은 할아버지를 절대로 그렇게 부르지 않습니다. 아이들 대부분은 목장의 울타리를 망가뜨리거나 가축을 못살게 굴어서 할아버지에게 혼쭐이 난 적이 한두 번쯤 있습니다. 그래서 명대나 광호 같은 개구쟁이 아이들은 할아버지 이름을 거꾸로 해서 '만두피 교수님'이라고 부르며 낄낄거립니다.

할아버지가 가까이 오자 닭똥 냄새가 풍깁니다. 아로가 코를 틀어막자 할아버지가 껄껄껄 웃습니다.

다로가 묻습니다.

"할아버지, 황금비가 뭐예요?"

"황금비는 왜?"

할아버지는 좀 이상하다는 생각이 듭니다. 아이들이 평소 수학에 관한 질문을 거의 하지 않기 때문입니다.

할아버지는 속으로 생각합니다.

'요 녀석들이 또 무슨 일을 벌여서 동네 말썽꾸러기들이랑 나를 골탕 먹이려는 게군.'

할아버지는 시치미를 뚝 떼고 말합니다.

"황금비는 말이다, 하늘이 누는 황금색 물똥이지."

할아버지는 한 손을 위로 쭉 뻗어 하늘 꼭대기를 가리킵니다.

"저기 봐라, 저기! 저기가 하늘 똥구멍이야."

할아버지 말에 아로가 또 까르르 웃습니다. 하지만 마로는 입술을 삐쭉 내밀고는 투덜거립니다.

"아니, 진짜 황금비 말이에요. 수학에 나오는 황금비 있잖아요."

할아버지는 마로의 표정을 가만가만 살핍니다. 아무래도 진짜로 궁금해서 물어 보는 것 같습니다. 할아버지는 눈길을 돌려 아로를 쳐다봅니다.

할아버지가 계속 쳐다보자 아로가 머뭇머뭇 입을 엽니다.

"할아버지. 그게 있잖아요, 좀 전에…."

아로가 사실대로 말하려 하자 마로가 얼른 말을 가로막습니다.

"아니에요, 할아버지. 그냥 궁금해서 그래요."

다로도 얼른 마로의 말을 거듭니다.

"맞아요, 할아버지. 형 말이 맞아요."

할아버지는 뭔가 수상쩍은 느낌이 들긴 하지만 별일 아니라고 생각하고는 목장갑을 벗어 울타리에 걸쳐 놓습니다. 황금비에 대해 이야기하기 시작합니다.

"황금비는 말이다, 옛날부터 전해 내려온 가장 아름답고 조화로운 수학 비율(1:1.618)이란다. 아름다운 자연물은 대부분 황금비로 되어 있어. 황금비는 고대의 건축물이나 조각, 아름다운 그림에도 있고 고려청자 같은 도자기나 불상, 석탑에서도 찾을 수 있어. 동물의 몸이나 식물에도 숨겨져 있고."

아이들은 노을이 번져 오는 하늘을 바라보며 황금비 이야기에 귀를 기울입니다.

"인간이 황금비에 끌리는 건 인간의 얼굴이 황금비를 닮았기 때문이야. 아름다운 사람의 머리를 감싸는 직사각형을 그려 보면 가로, 세로의 비가 황금비로 되어 있어. 그래서 인간은 태어나면서부터 죽을 때까지 황금비로 이루어진 물체에 대해 예쁘고 아름답다고 느끼는 거란다."

할아버지는 땅에 여러 개의 사각형을 그립니다.

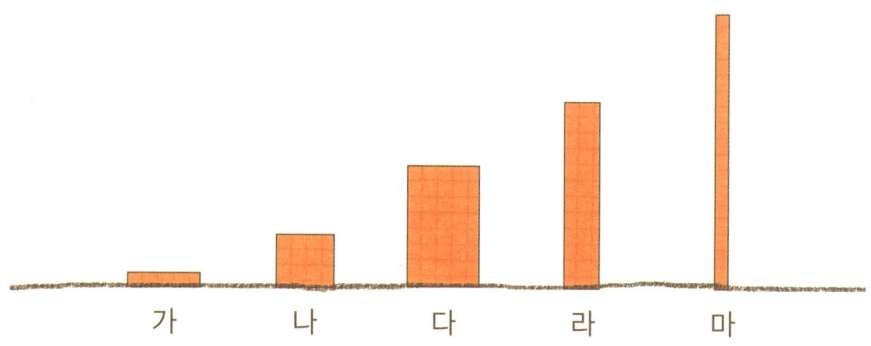

"얘들아, 가~마 중에서 어떤 모양이 가장 보기 좋고 안정된 느낌이 드니?"

아로가 먼저 대답합니다.

"다요!"

다로도 마로도 다를 가리킵니다.

"할아버지, 우리 셋 다 다예요. 다!"

"허허, 셋 다 다야? 사실은 나도 다란다. 그럼 우리 넷은 왜 모두 다를 고른 걸까?"

"글쎄요."

"다는 가로, 세로 길이의 비가 **황금비**로 되어 있는 **황금사각형**이기 때문이야. 황금비로 이루어진 도형은 사람들에게 눈과 마음의 안정감을 주지. 그래서 황금사각형은 명함, 신용카드, 신분증, 책 표지, 거울, 액자, 탁자, 창문, 텔레비전 모니터, 휴대전화 등 수많은 생활용품에 응용되어 사용된단다."

"와, 황금사각형이 정말 다양하게 쓰이네요."

"그래. 황금사각형은 우리 생활에서 꼭 필요한 거란다."

고개를 끄덕이며 다로가 묻습니다.

"그럼 황금비를 처음 발견한 사람은 누구예요? 혹시 할아버지가 좋아하는 피타고라스 아니에요?"

"황금비를 최초로 발견한 사람이 누구인지는 알 수 없어. 물론 기원전 500년경 피타고라스(기원전 560~480년)가 정오각형에서 황금비를 발견한 건 사실이야. 하지만 그보다 훨씬 앞선 기원전 4700년경에 건설된 이집트의 피라미드에도 황금비가 사용되었어. 문서로 황금비에 대한 기록을 최초로 남긴 사람이 피타고라스이기 때문에 흔히 피타고라스가 황금비를 발견했다고 말하는 거야."

"아, 그렇구나."

"엄밀히 말해서 피타고라스는 황금비를 책으로 기록한 사람들 중에서 가장 오래된 사람이고, 최초로 황금비를 수학적으로 정의한 사람은 고대 그리스 수학자 유클리드(기원전 450~380년)야. 어쨌든 피타고라스가 황금비를 기록으로 남긴 건 중요한 일이지."

다로가 다시 묻습니다.

"그런데 할아버지, 왜 황금이라는 말을 쓰는 거예요?"

"황금비는 자연의 가장 조화로운 비율이야. 그래서 중세 르네상스 시대 사람들은 이 비율을 '신이 만든 신성한 비율'이라고 부를 정도로 중요하게 생각했어. 독일의 천문학자 케플러(1571~1630년)는 황금비를 '신의 형상에 따라 지어진 신의 피조물'이라고 말할 정도였어. 그래서 그 가치를 황금에 비유한 것이지. '시간이 흘러도 변하지 않고 찬란하게 빛나는 황금처럼 대단한 가치를 지닌 비율'이라는 뜻으로, 고대 그리스 수학자 에우독소스(기원전 408~355년)가 황금비라고 이름을 지은 거란다."

아로가 얼른 묻습니다.

"무슨 소스요?"

에우독소스라는 말을 듣는 순간 아로는 겨자 소스, 토마토 소스, 짜장 소스처럼 먹는 걸 떠올렸습니다. 에우독소스는 아주 독한 소스일 것만 같습니다.

할아버지가 웃으면서 아로의 볼을 만집니다.

"그리고 황금비를 나타내는 기호 $\emptyset$(파이)를 처음으로 사용한 사람은 미국의 수학자 마크 바란다."

마크 바라는 말을 듣자 아로는 또 먹는 걸 떠올립니다. 누구 바, 상어 바, 꽈배기 바 같은 맛있는 아이스크림을 떠올립니다. 아로는 아이스크림을 생각하며 침을 꼴깍 삼킵니다.

마로가 묻습니다.

"할아버지, 그럼 황금분할은 어떻게 하는 거예요?"

할아버지는 땅바닥에 그림을 그립니다. 아이들이 쉽게 이해할 수 있도록 차근차근 설명해 줍니다. 한참 동안 설명하자 마로와 다로가 고개를 끄덕입니다. 하지만 아로는 어려운지 계속 고개를 갸우뚱거립니다.

"어때, 이제 알겠니?"

"네. 생각보다 그렇게 어려운 건 아니네요."

다로가 우쭐대며 대답합니다.

"그래. 사람들은 수학을 재미없고 어렵다고 생각하지만 사실은 그렇지 않단다. 알고 보면 수학만큼 재미있고 신기한 학문도 없어."

어느새 해님이 서쪽 지평선 아래로 내려가고 있습니다. 붉게 물든

하늘을 배경으로 농장은 조금씩 어두워집니다. 농장 전체가 검은 먹물에 물들어 가는 천처럼 조금씩 어둠에 물들어 갑니다.
"할아버지, 우리 이제 저녁 먹으러 가요. 배고파요."
"그래, 그만 가자."
아이들은 할아버지와 함께 언덕을 내려옵니다. 집을 향해 천천히 걸어갑니다.

욕실에서 깨끗하게 씻고 나온 아이들이 맛있게 저녁을 먹습니다. 다로는 무슨 생각을 하는지 후닥닥 서둘러 먹습니다.
"다로야, 체하겠다. 좀 천천히 먹으렴."
달걀부침을 접시에 놓아 주며 엄마가 말합니다.

다로는 우물우물 밥을 제대로 씹지도 않고 삼킵니다. 유리컵에 든 우유를 벌컥벌컥 마시고는 후닥닥 주방에서 나갑니다.

"마로야, 다로 쟤 왜 저러니?"

마로는 시치미를 떼고 모르는 척합니다. 사실 마로도 다로만큼이나 마음이 급합니다. 하지만 티 내지 않으려고 일부러 천천히 밥을 먹고 있는 것입니다.

"잘 먹었습니다!"

마로가 숟가락을 식탁에 내려놓으며 일어섭니다. 아로도 따라서 일어납니다. 마로와 아로는 주방에서 나와 곧장 할아버지 서재로 갑니다. 할아버지한테 들은 황금비에 대해 더 자세히 알아 보기 위해서입니다.

서재에는 할아버지가 보는 수학책들이 산더미처럼 쌓여 있습니다. 대부분 어른들이 보는 어려운 책이지만 아이들이 볼 수 있는 쉬운 책들도 있습니다.

마로와 아로가 들어서자 책을 뒤적거리던 다로가 힐끔 쳐다봅니다. 다로는 이 책 저 책 뒤적거리며 황금마스크에 대해 찾고 있습니다. 책장을 넘길 때마다 다로는 그런 신기한 물건이 있으면 정말 좋겠다는 생각이 듭니다. 황금비나라에는 그런 마법 물건들이 많다는 피보의 말이 자꾸만 떠오릅니다.

"형, 빨리 황금비나라에 가 보고 싶어. 궁금해 죽겠어."

아로가 얼른 끼어듭니다.

"나도야. 나도 진짜진짜 가 보고 싶어."

마로는 커다란 책상에 스탠드 불을 켜 놓고 두꺼운 책들을 뒤적거립니다. 아로는 스케치북에 크고 작은 여러 종류의 황금사각형을 그립니다.

"큰오빠, 어떤 게 제일 맘에 들어?"

"작은오빠, 이중에서 뭐가 제일 잘 그렸어?"

아이들은 몇 시간째 밖으로 나오지 않고 서재에서 책을 보거나 그림을 그립니다. 이상하게 여긴 할아버지가 서재 창문으로 아이들을 들여다봅니다.

'저 녀석들, 무슨 꿍꿍이가 있는 게 분명해.'

하지만 할아버지는 아무 티도 내지 않고 스르르 창문을 엽니다.

"애들아, 그만 자렴. 너무 늦었어."

"네. 알았어요."

아이들은 서재 불을 끄고 침실로 갑니다.

아로가 제일 먼저 침대에 눕습니다. 다로도 침대로 들어갑니다. 다로는 낮에 만난 신기한 수학토끼 피보를 생각합니다. 아로는 피보가 맛보게 해 준 파이 맛을 떠올리자 입안에 침이 고입니다. 꼴깍 침을 삼키고는 황금비나라를 상상합니다. 황금비나라는 도대체 어떻게 생겼을까 상상하다 스르르 잠이 듭니다. 다로도 잠이 듭니다.

마로는 황금비 일기를 쓰기 시작합니다.

첫째 날
마로의 황금비 일기

황금비(黃金比)의 뜻과 유래

황금비 Ø(파이)는 그리스 문자로, 영어의 F에 해당하며 원주율을 나타내는 기호 π(파이)와 발음이 같아서 헷갈릴 수 있다. Ø는 고대 그리스의 유명한 조각가 피디어스(기원전 490~430년)의 이름에서 유래된 것이다. 피디어스는 파르테논 신전 같은 건축물이나 조각품을 만들 때 늘 황금비를 적용시켜 작업을 했다고 한다.

예로부터 황금비에 대해 크게 칭찬한 예술가나 학자들이 많았다. 고대 그리스의 철학자 플라톤(기원전 427~347년)은 황금비를 '세상 삼라만상을 지배하는 힘의 비밀을 푸는 열쇠'라 하였고, 『신곡』을 쓴 시인 단테(1265~1321년)는 '신이 만든 예술품'이라 하였다.

피타고라스는 황금비로 된 별을 자신이 세운 학교의 상징으로 사용할 정도로 황금비를 중요하게 생각했다. 피타고라스는 자화상의 오른손에 황금비를 담은 피라미드를 그리고, '우주의 비밀'이라는 문장을 새겨 넣기도 했다. 그렇게 함으로써 황금비가 우주의 비밀을 푸는 열쇠라는 사실을 보여 주려 했던 것이다.

 황금분할(黃金分割)

어떤 선분을 그 길이의 비가 황금비가 되도록 둘로 분할하는 것을 황금분할이라고 하고, 그 점을 황금분할의 점이라고 한다.

아래 그림에서 길게 잘라진 선분에 대한 짧게 잘라진 선분의 길이의 비 a:b와 처음 선분의 길이에 대한 길게 잘라진 선분의 비 (a+b):a가 같을 때, 그 비를 황금비라고 한다.

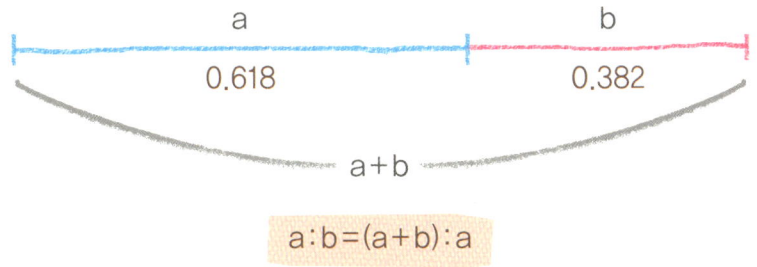

어떤 선분을 한 점에 의하여 두 부분으로 나눌 때 긴 선분의 길이가 전체의 61.8%, 짧은 선분의 길이가 전체의 38.2%가 되도록 분할하면 황금분할이 된다. 즉 황금분할의 점은 전체의 61.8%에 해당하는 곳이다. 만약 황금분할된 두 선분 a, b 중에서 짧은 선분인 b를 1로 보면 긴 선분인 a의 길이는 b의 1.618배 정도가 된다. 즉 $\frac{a}{b}=1.618$이다.

어떤 선분을 황금비로 분할하는 방법은 다음과 같다. 어떤 선분 AB가 있을 때, 선분 AB의 가운뎃점 M을 정하고 선분 AB에 직각이 되도록 점 B를 지나는 직선을 그린다. 점 B를 중심으로 선분 BM을 반지름으로 하는 원을 그린다. 이때 선분 AB와 직각을 이루는 선과 만나는 점을 O라

고 한다. 다시 점 O를 중심으로 반지름 OB인 원을 그린다. 선분 AO와 아래 원이 만나는 점을 C라고 한다. 점 A를 중심으로 선분 AC를 반지름으로 하는 원으로 그린다. 이때 선분 AB와 만나는 점 P는 선분 AB를 황금분할 한다.

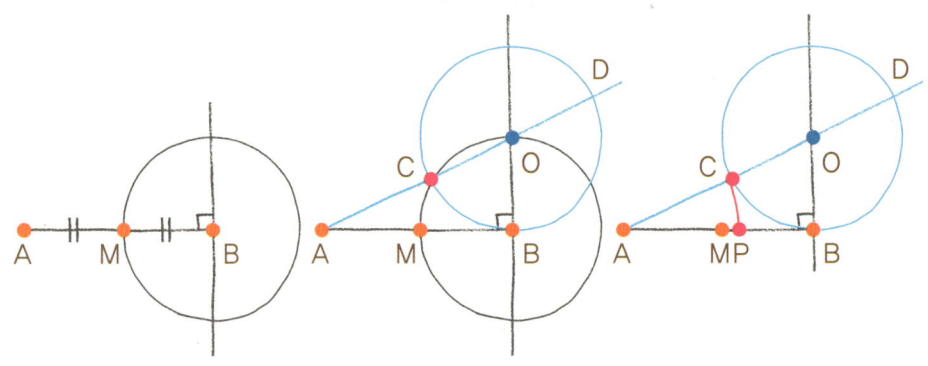

3 황금사각형과 황금사각형을 이용한 생활도구

황금사각형은 짧은 변과 긴 변의 길이의 비가 황금비 1:1.618을 이루는 직사각형이다. 황금사각형은 보는 사람의 눈과 마음을 편안하게 해 주기 때문에 각종 생활도구에 다양하게 사용된다. 신분증, 명함, 수첩, 액자, 거울, 사진, 신용카드, 전화카드, 필름, 담뱃갑, 스케치북 등에 적용되어 쓰이고 있다. 산업 디자인이나 북 디자인 분야에도 다양하게 이용된다.

황금사각형을 그리는 방법은 다음과 같다.

우선 한 변의 길이가 1인 정사각형 ABCD를 그린다. 변 BC의 가운데 O를 정한다. 점 O를 중심으로 해서 변 OD의 길이를 반지름으로 하는 원을 그린다. 이때 그린 원과 변 BC의 연장선과 만나는 점을 E라고 한다. 변 BE와 길이가 같고 평행인 변 AF를 그린다. 이때 만들어지는 직사각형 ABEF는 황금사각형이 된다. 또한 작은 직사각형 DCEF도 황금사각형이 된다. 즉 큰 황금사각형 속에 작은 황금사각형이 만들어진다. 이때 점 C는 변 BE를 황금분할 하는 점이 되고, 점 D는 변 AF를 황금분할 하는 점이 된다.

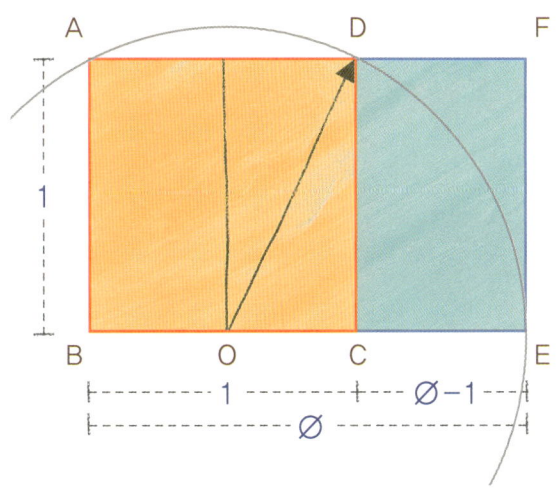

아름답고 신비로운 들꽃 벌판

둘째 날

마로네 농장 뒤편에는 드레벌판이 있습니다. 풀과 예쁜 들꽃 들이 피어 있습니다. 벌판 왼쪽으로 논이 보입니다. 누군가 깔아 놓은 초록색 이불 같습니다. 크고 작은 논들이 조각보처럼 다닥다닥 붙어 있습니다.

벌판 오른쪽으로는 과수원이 보입니다. 과수원에서 날아오른 새들이 논을 향해 낮게 날아갑니다. 과수원 위에서 빙빙 원을 그리던 매가 새들이 날아가는 방향으로 빠르게 내려옵니다. 매가 사냥을 시작한 것을 눈치 챘는지 새들이 더욱 빠르게 도망칩니다.

벌판에서 아이들 떠드는 소리가 들립니다.

"와. 저기 봐!"

매가 사냥하는 것을 보려고 다로가 언덕 위로 뛰어오르며 소리칩니다.

"오빠, 어디?"

아로가 고개를 두리번거리며 매를 찾습니다. 다로랑 아로가 가만히 있지 않고 왔다 갔다 하자 벌판 저편에서 마로가 소리를 지릅니다.

"야! 움직이지 말고 좀 가만히 있어."

마로의 목소리가 울려 퍼집니다. 물결이 퍼져 나가듯 메아리가 울려 퍼집니다. 메아리 사이로 매가 날아갑니다. 마로는 코끼리폭포 쪽에서 다로랑 아로가 있는 미루나무 쪽으로 빠르게 걸어오고 있습니다.

아로가 다로에게 묻습니다.

"작은오빠. 어제 피보가 말한 황금분할 지점 말이야, 어딜까?"

"그걸 알아내려고 지금 형이 거리를 재고 있잖아. 저기 봐."

아로는 눈을 가늘게 뜨고 배추밭 쪽을 바라봅니다. 거리 재는 기계를 보며 마로가 배추밭 고랑으로 걸어오고 있습니다.

"으, 덥다."

마로의 이마에 땀방울이 송글송글 맺혔습니다. 마로가 도착하자 다로는 마로의 손에 들린 기계를 쳐다봅니다. 화면에 '1000m'라고 표시되어 있습니다.

"형, 1000미터야."

"그래. 코끼리폭포에서 이 미루나무까지의 직선 거리는 1000미터야."

아로도 가까이 다가가 기계의 숫자를 쳐다봅니다.

"큰오빠, 그럼 이제 어떻게 해야 돼?"

마로는 막대기로 바닥에 긴 선분을 그리고 '1000m'라고 표시합니다.

"1000미터의 61.8퍼센트가 되는 지점을 찾아내면 돼."

다로가 그림을 보며 말합니다.

"형, 그건 내가 계산할게. 내가 곱셈은 끝내 주잖아. 수첩 줘 봐."

마로가 주머니에서 수첩을 꺼냅니다. 다로는 마로가 그린 것과 똑같이 수첩에 그리고 숫자들을 적습니다. 그 밑에 계산을 합니다.

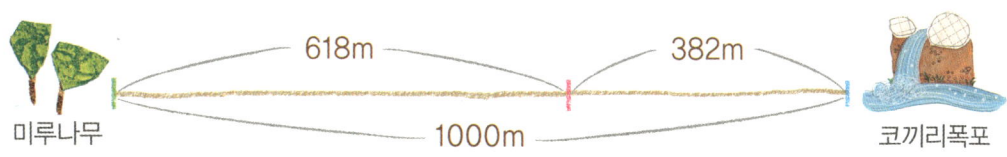

전체 길이 $1000m \times 61.8\% = 1000m \times \dfrac{61.8}{100} = 618m$

"형, 이렇게 하면 맞지?"

마로는 다로가 계산한 것을 보고는 고개를 끄덕입니다.

"그럼 어제 피보가 말한 황금분할 지점은 지금 우리가 있는 이 미루나무에서 코끼리폭포 쪽으로 618미터 떨어진 곳이겠네."

"그래. 그곳이 미루나무와 코끼리폭포를 황금분할 하는 지점이야."

옆에서 신기하게 쳐다보던 아로가 말합니다.

"빨리 그곳으로 가 보자!"

아이들은 신이 나서 뛰어갑니다. 이번엔 아로가 거리 재는 기계를 들고 뛰어갑니다. 기계의 화면에 나타나는 숫자가 점점 커집니다. 숫자가 600미터 가까이 되자 천천히 걷습니다.

"오빠, 거의 다 왔어. 이 근처야."

"아로야, 이리 줘 봐."

마로는 기계를 받아 들고 더 천천히 걷습니다. 화면의 숫자가 정확히 618로 바뀌자 걸음을 멈춥니다.

"얘들아. 여기야, 여기!"

걸음을 멈춘 다로와 아로가 주위를 두리번거립니다.

"오빠, 왜 아무것도 없어?"

"글쎄, 피보가 말한 곳이 분명 여기가 맞는데. 이상하네."

정말 이상합니다. 풀들이 비쭉배쭉 돋아난 땅에는 두꺼비처럼 생긴 바위 하나만 놓여 있을 뿐 특별한 것이 없습니다. 피보도 보이지 않습니다.

"형, 혹시 피보가 우리를 골탕 먹이려고 거짓말한 거 아냐?"

다로는 화가 납니다. 땅바닥을 발로 후려 차며 투덜거립니다. 마로는 힘없이 땅바닥에 주저앉습니다. 실망스러운 표정을 지으며 과수원 쪽을 바라봅니다. 아까 그 매가 발에 먹이를 움켜쥐고 과수원 너머 바위산 벼랑으로 날아가고 있습니다.

"얘들아, 혹시 저 매가 피보를 잡아간 거 아닐까?"

마로의 말에 아로는 매가 날아간 바위산 쪽을 바라봅니다. 아로는 은근히 걱정이 됩니다.

"피보, 피보!"

아로는 주변을 빙빙 돌면서 피보를 찾습니다. 계속해서 불러도 피보의 대답은 들리지 않습니다.

그때 두꺼비바위 위에서 무언가 반짝거립니다. 투명한 물체가 빛을 내며 반짝거립니다. 아이들은 바짝 긴장합니다.

"형, 저게 뭐지?"

마로가 얼른 일어납니다. 천천히 바위를 향해 다가갑니다. 바위 위에서 반짝거리며 빛을 내는 투명한 물체가 풍선처럼 점점 커집니다. 점점 커지던 물체가 펑, 터지며 사라지더니 바위 위에 피보가 나타납니다.

"얘들아, 안녕!"

피보의 손에 황금마스크가 들려 있습니다. 황금마스크를 가방에 넣고는 바위에서 펄쩍 뛰어내려 아이들이 있는 곳으로 다가옵니다.

"휴우, 다행이다."

피보를 보자 아로는 불안한 마음이 사라집니다.

피보는 가방에서 작은 꽃봉투를 꺼내어 바닥에 쏟아 놓습니다.

"피보, 이게 뭐야?"

"그동안 내가 여러 곳을 돌아다니며 딴 꽃들이야."

나팔꽃이 보입니다. 백합도 있고 붓꽃도 있습니다. 채송화도 있고 귀여운 딸기꽃도 있습니다. 패랭이, 동백꽃, 모란, 코스모스, 금잔화 등등 여러 가지 꽃들이 뒤섞여 있습니다.

여러 색깔의 알록달록한 꽃들을 보자 아로는 기분이 좋아집니다. 눈을 감고 꽃 내음을 맡아 봅니다. 그 사이 피보는 꽃잎 수를 세며 혼잣말을 합니다.

"나팔꽃은 1장, 백합·달개비·아이리스·붓꽃은 3장, 채송화·패랭이·딸기꽃·동백꽃·제라늄·야생 장미는 5장, 모란과 코스모스는 8장, 금잔화는 13장, 과꽃과 치커리는 21장, 질경이랑 데이지는 34장, 쑥부쟁이는 종류에 따라 55장과 89장!"

다로도 피보처럼 꽃잎 수를 세어 봅니다. 신기하게도 거의 모든 꽃들의 꽃잎이 1장, 2장, 3장, 5장, 8장, 13장, 21장, 34장, 55장, 89장 등으로 되어 있습니다.

다로가 다가와 앉자 피보가 묻습니다.

"어제 내 준 황금분할 문제 어렵지 않았어?"

다로는 우쭐거리는 표정을 짓습니다.

"아니, 별로 안 어렵던데."

바위에 걸터앉아 꽃잎 수 세는 것을 지켜보던 마로가 묻습니다.

"피보, 오늘 우리를 여기로 오라고 한 이유가 뭐야?"

"오늘의 문제를 알려 주려고!"

"오늘의 문제? 뭔데?"

피보는 아로가 분류해 놓은 꽃들의 꽃잎 수를 차례차례 공책에 적습니다. 1, 1, 2, 3, 5, 8, 13, 21, 34, 55, 89….

마로가 다시 묻습니다.

"피보, 오늘의 문제가 뭐냐니까?"

피보는 대답은 하지 않고 꽃잎만 챙깁니다. 마지막 꽃잎까지 다 챙겨 가방에 넣고는 황금마스크를 꺼내 씁니다. 그러자 순식간에 피보는 사라지고 목소리만 들립니다.

"황금비나라에 가고 싶으면 오늘의 문제도 반드시 풀어야 해. 정확히 풀어서 내일 정오까지 민들레언덕으로 와!"

"피보, 도대체 오늘의 문제가 뭐야?"

"문제는 네 옆에 있어."

"어디?"

"그 두꺼비바위! 셋이 협동해야만 문제를 찾을 수 있어. 그럼 난 이만."

피보가 사라지자 아이들은 두꺼비바위를 뚫어져라 쳐다봅니다.

그러나 아무리 쳐다봐도 무슨 문제가 있다는 건지 도무지 알 수가 없습니다.

"작은오빠, 이 바위에 무슨 문제가 있다는 거야?"

아로는 몸을 숙여 바위 표면을 이리저리 살펴봅니다. 글자나 숫자가 적혀 있을 거라고 생각하며 자세히 관찰합니다. 다로도 계속 빙글빙글 돌며 바위를 살펴봅니다. 그러나 아무리 쳐다봐도 문제는 보이지 않습니다.

마로는 턱을 괴고 가만히 바위를 쳐다봅니다. 방금 피보가 한 말을 곰곰이 생각해 봅니다.

'셋이 협동해야만 문제를 찾을 수 있다고 했어. 그게 무슨 뜻일까?'

잠시 생각에 잠겨 있던 마로가 바위 가까이 다가갑니다. 다리를 벌리고 허리를 숙여 바위를 힘껏 들어 올립니다. 너무 무거워 옴짝달싹하지 않습니다.

"다로야, 아로야! 이리 와서 이 바위 좀 들어 봐."

아이들은 낑낑거리며 천천히 바위를 들어 올립니다. 셋이 힘을 합치니까 바위가 조금씩 움직입니다. 아이들은 젖 먹던 힘을 다해 끙끙거리며 두꺼비바위를 들어 올려 한 바퀴 굴립니다. 돌이 뒤집어지자 돌의 밑면이 드러납니다.

"어, 형! 이게 뭐지?"

두꺼비바위의 배에 글자가 적혀 있습니다. 두꺼운 흙덩어리로 덮여 있어서 알아보기가 쉽지 않습니다. 다로가 손바닥으로 쓱쓱 문지르자 오목하게 새겨진 한 쌍의 토끼 그림이 나타납니다. 그림 밑에 '피보나치'라는 글자와 함께 다른 글자들도 적혀 있습니다.
"마법의 황금비나라로 가기 위한 둘째 날의 문제!"
마로가 나뭇가지로 바위 홈에 낀 흙들을 파냅니다. 입을 가까이 대고 후, 하고 세게 불자 흙덩어리들이 떨어집니다. 그러자 문제가 선명하게 나타납니다.

> 토끼 농장에 암수 한 쌍의 새끼 토끼가 있다. 이 농장에서 죽는 토끼는 없고, 암수 한 쌍의 새끼 토끼는 두 달 후부터 달마다 암수 한 쌍의 새끼를 낳는다.
> 일 년 후 이 농장의 토끼는 모두 몇 쌍이 될까?

아이들은 모두 입을 다물고 문제를 읽습니다. 아로는 이해가 잘 안 되는지 몇 번을 거듭해서 읽습니다. 그래도 아리송한지 고개를 갸웃거립니다. 마로가 뒷주머니에서 수첩을 꺼내어 문제를 그대로 적습니다. 다로도 계속 문제를 쳐다봅니다. 한참을 생각하더니 수첩에 그림을 그립니다. 한 쌍의 토끼 그림을 그리고는 또 생각에 잠깁니다. 한 달 후, 두 달 후의 토끼가 모두 몇 쌍일지 따져 봅니다.
"형, 이거 쉬워 보이는데 해 보니까 점점 복잡해져."
"그래, 그런 거 같아."

마로도 차근차근 따져 보고 있습니다. 석 달 후, 넉 달 후의 토끼가 모두 몇 쌍인지 꼼꼼하게 따져 봅니다. 거기까지는 그럭저럭 할 만합니다. 하지만 달이 늘수록 점점 헷갈리고 복잡해집니다.

다로가 투덜거립니다.

"형, 너무 헷갈려."

다로 옆에 바짝 붙어 있던 아로가 수첩을 쳐다보며 말합니다.

"오빠, 할아버지께 여쭤 보자."

"그래, 그게 좋겠어."

아이들은 바위를 원래대로 굴려 놓고 집을 향해 갑니다. 천천히 걸어가며 아로가 다로에게 묻습니다.

"작은오빠, 그런데 피보나치가 뭐야?"

"글쎄, 고슴도치처럼 이상하게 생긴 동물 이름 아닐까?"

"고슴도치? 아냐. 그런 건 분명 아닐 거야."

"아니면 갈치, 멸치, 꽁치, 자갈치 같은 생선 종류 아닐까?"

"말도 안 돼."

"그럼 넌 뭐라고

생각하는데?"

"외국 과자 이름 같아."

"뭐라고? 너야말로 말도 안 된다. 너 나랑 내기할래? 틀린 사람이 맞힌 사람 발 씻겨 주기!"

"좋아!"

아이들이 농장에 들어서자 할아버지가 보입니다. 할아버지는 농장 울타리를 고치느라 들꽃언덕에서 일하고 있습니다. 밀짚모자를 쓰고 땀을 흘리며 철조망을 고치고 있습니다. 다로가 제일 먼저 할아버지를 향해 뛰어갑니다. 아로도 뒤쫓아 뛰어갑니다.

"할아버지, 할아버지!"

아이들이 부르는 소리에 할아버지가 고개를 듭니다. 하던 일을 멈추고 모자를 벗어 부채질을 합니다.

숨을 헐떡이며 뛰어온 다로가 묻습니다.

"할아버지, 피보나치가 뭐예요? 고슴도치처럼 괴상하게 생긴 동물 맞죠?"

뒤따라 온 아로가 더 큰 소리로 말합니다.

"아냐, 과자 이름이라니까!"

다로와 아로가 헐떡거리며 주고받는 이야기를 듣고 할아버지가 웃습니다.

"갑자기 피보나치는 왜?"

"틀린 사람이 맞힌 사람 발 씻겨 주기로 했거든요."

아로도 다로도 서로 자기가 맞힐 거라고 생각하고 있습니다. 둘 다 자신 있는 표정입니다. 할아버지는 잠시 무슨 생각에 잠기더니 살며시 웃습니다. 그때 할아버지 머리에 나비 한 마리가 날아와 앉습니다. 노란 날개를 접었다 폈다 하면서 아이들이 떠드는 소리를 듣습니다.

"만약에 너희 둘 다 틀리면 어떻게 할 건데?"

아로와 다로는 말똥말똥 서로를 쳐다봅니다.

"이렇게 하자. 만약에 둘 다 틀리면 너희 둘이서 할아버지 발을 씻겨 주는 거다. 한 사람이 한 짝씩, 어때?"

할아버지 발이라는 말에 아로와 다로는 코를 틀어막습니다. 상상만으로도 발 냄새가 진동하는 것 같아 저절로 인상이 찡그러집니다.

"흠, 싫은 모양이군. 내 제안에 좋다는 대답을 안 하면 나도 답을 말해 줄 수 없어!"

"에이, 그런 게 어디 있어요?"

"어디 있긴? 여기 있지."

할아버지는 입도 뻥긋하지 않고 턱을 들고 팔짱을 낀 채 하늘만 쳐다봅니다. 계속 말이 없자 아로가 고개를 젖히고 할아버지 턱을 올려다봅니다.

"할아버지, 또 하늘 똥구멍 쳐다봐요?"

그래도 할아버지는 아무 말이 없습니다. 아로가 다로의 옆구리를 손으로 쿡쿡 찌릅니다. 다로가 할 수 없다는 듯 말합니다.

"좋아요, 할아버지."

할아버지가 기분 좋은 얼굴로 웃습니다.

"얘들아. 피보나치는 말이다, 이탈리아의 수학자란다. 이집트, 시리아, 그리스, 시칠리아 등을 여행하면서 수학 계산법을 익혀서 유럽 여러 나라에 소개했어. 그 결과 유럽의 많은 나라에서 수학이 크게 발달할 수 있었단다."

"거 봐. 과자 이름 아니잖아. 내가 이겼어."

"뭐? 어째서 오빠가 이겨? 오빠도 틀렸어!"

"수학자는 사람이고 사람은 동물이니까 내가 맞힌 거나 마찬가지 잖아!"

"그런 억지가 어디 있어?"

할아버지가 껄껄껄 웃습니다.

옆에서 웃던 마로가 수첩을 꺼냅니다. 할아버지에게 보여 주며 묻습니다.

"할아버지, 이 문제는 어떻게 풀어야 돼요?"

할아버지는 이마의 땀을 소매로 닦으며 수첩을 쳐다봅니다.

"이건 피보나치수열 문제 아니냐?"

"수열이요?"

"수들이 일정한 규칙에 따라 나열되어 있는 것을 수열이라고 해. 차(어떤 수에서 다른 수를 뺀 나머지)가 일정하게 커지거나 작아지면 등차(等差)수열, 곱한 비(두 개의 수 또는 양을 비교하여 몇 배인가를 나타내는 것)가 일정하게 커지거나 작아지면 등비(等比)수열이라고 해. 예를 들어 1, 3, 5, 7, 9, 11…은 차가 2씩 커지는 등차수열이고 2, 4, 8, 16, 32, 64, 128…은 비가 2배씩 커지는 등비수열이야."

"그럼 피보나치수열은 뭐예요?"

"피보나치가 1202년에 발견한 수열이야. 아버지가 운영하는 토끼 농장에서 번식력이 왕성한 토끼의 번식 과정을 지켜보다가 이 수열을 발견했어. 피보나치수열은 다른 수열들과 달리 조금 특이한 규칙이 있지."

"특이하다니요?"

"앞의 두 항을 합친 값이 다음 항이 되는 규칙을 가지거든. 그 수첩 이리 줘 보거라."

할아버지는 수첩에 적혀 있는 것을 보며 차근차근 설명합니다.

아이들은 머리를 모으고 할아버지가 든 수첩을 쳐다봅니다.

"자, 잘 보거라. 어떤 토끼 농장에 암수 한 쌍의 새끼 토끼가 있다고 해 보자."

"네."

"이 새끼 토끼 한 쌍은 자라서 두 달 뒤부터 달마다 암수 새끼 한 쌍씩을 낳는다고 했어. 그러니까 첫 달에는 아직 새끼를 못 낳으니까 그대로 한 쌍이겠지?"

아로가 고개를 끄덕입니다.

"그럼 두 달 후에는 어떻게 될까?"

"두 달 뒤부터 새끼를 낳는다고 했으니까, 처음 있던 토끼 한 쌍하고, 새로 낳은 새끼 토끼 한 쌍하고 합쳐서 두 쌍이에요."

"그래, 맞았어. 그럼 한 달이 더 지난 석 달 후에는 몇 쌍이 될까?"

아로는 조금 헷갈리기 시작합니다. 그래도 꼭 맞히고 싶은지 할아버지가 든 수첩의 토끼 그림을 보며 따져 봅니다.

"아, 알았어요. 세 쌍이에요."

"오, 그래. 잘했다. 우리 아로 정말 똘똘하구나!"

아로가 우쭐대는 표정을 짓자 다로는 입술을 삐쭉 내밉니다. 별것도 아닌 것 갖고 요란을 떤다고 못마땅해합니다.

아로가 넉 달 후 토끼가 전부 몇 쌍일지 따져 보자 다로도 서둘러 생각해 봅니다.

왼손 엄지와 검지로 윗입술을 잡아당기며 한참을 고민하던 다로가 먼저 말합니다.

"알았다! 다섯 쌍이에요, 맞죠?"
"그래, 맞았어. 정말 잘했다."
다로는 아로가 보라는 듯 우쭐거립니다. 얼른 다섯 달 후의 전체 토끼 쌍도 계산해 봅니다. 하지만 이번에는 너무너무 헷갈립니다. 아이들이 당황해하자 할아버지가 그림을 그려 가며 차근차근 설명해 줍니다.

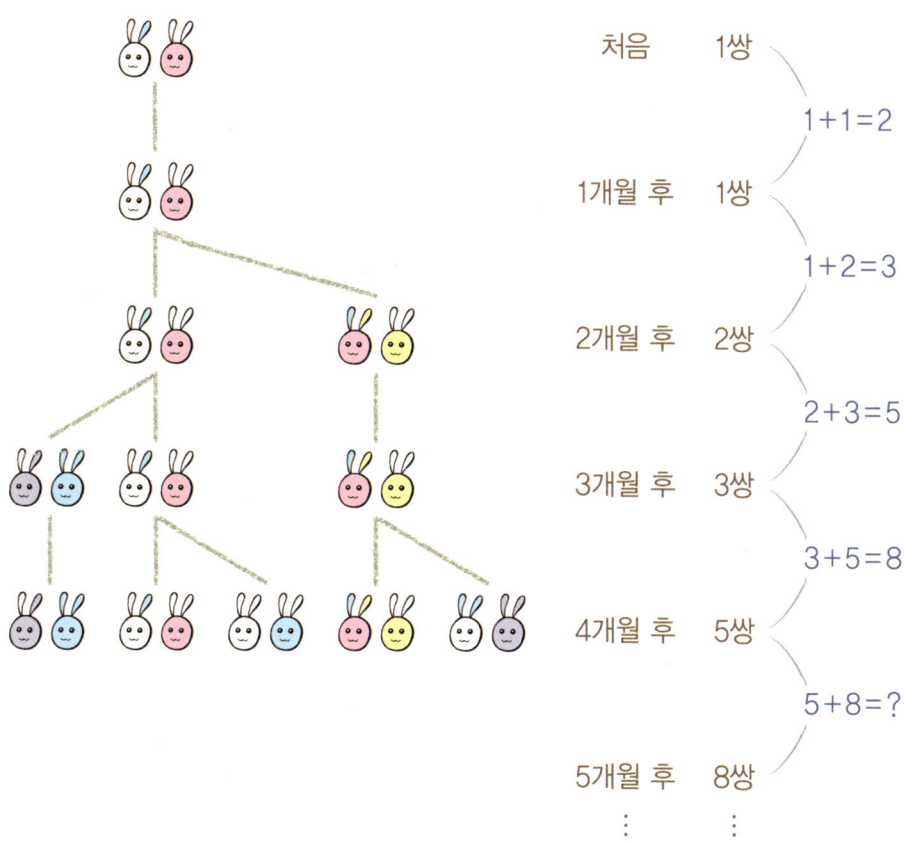

"자, 여기 이 그림이랑 숫자들을 함께 보거라. 다섯 달 후에는 8쌍이 된단다. 왜냐하면 말이다…."

가만히 설명을 듣던 아로가 무언가를 발견한 모양입니다.

"할아버지, 이거랑 이거 더하면 그 다음 거가 나와요."

아로가 가리키는 것을 보고 다로는 얼른 속으로 더하기를 해 봅니다.

'1+1=2, 1+2=3, 2+3=5, 3+5=8. 그럼 5 더하기 8은?'

"아, 알았어요. 여섯 달 후는 13쌍이 돼요. 음, 일곱 달 후에는 21쌍, 여덟 달 후에는 34쌍, 아홉 달 후에는 55쌍이 돼요. 히야!"

다로가 호들갑스럽게 말하자 아로가 얄밉다는 표정으로 쳐다봅니다.

"작은오빠! 내가 알아낸 거 해킹했지?"

다로가 잔뜩 찌푸린 얼굴로 아로를 쏘아봅니다. 할아버지가 아로와 다로의 머리를 쓰다듬어 주며 말합니다.

"이렇게 달마다 늘어나는 토끼 쌍의 수를 나열해 보면 1, 1, 2, 3, 5, 8, 13, 21, 34, 55, 89, 144, 233, 377, 610, 987…이 된단다."

할아버지가 그림 옆에 숫자들을 적으며 설명을 하자 아로의 눈이 똥그래집니다.

"어? 이 숫자들… 맞다! 아까 세어 보았던 꽃잎들의 수잖아."

"정말!"

아이들은 신기한 듯 숫자들을 계속 쳐다봅니다.

"얘들아, 이 숫자들처럼 앞의 두 항의 합이 다음 항이 되는 규칙을 가진 수열을 피보나치수열이라고 한단다."

마로가 고개를 끄덕이며 말합니다.

"할아버지, 그럼 열두 달 후에는 233쌍이 되겠네요."

"음, 어디 보자. 그렇구나."

할아버지를 쳐다보며 아로가 묻습니다.

"할아버지, 토끼가 정말 그렇게 새끼를 자주 낳아요?"

"그래. 토끼는 한 달에 한 번 꼴로 새끼를 낳아. 임신 기간이 보통 30일이거든."

"어휴, 토끼가 무슨 새끼 낳는 기계예요? 그렇게 자주 새끼를 낳게. 토끼가 불쌍해요."

할아버지가 아로의 뺨을 쓰다듬습니다.

"치."

오빠들이 토끼 문제를 다 풀고 답까지 맞히자 아로는 신경질이 납니다. 부르튼 표정을 하고 입술을 앞산 너머 십 리 밖으로 내밀고는 투덜투덜 말합니다.

"할아버지! 토끼가 233쌍이면 엄청나게 많은 건데 그 많은 토끼들이 어떻게 병도 안 걸리고 다 살아요? 1년 동안 한 마리도 죽지 않는 토끼 농장이 세상에 어디 있어요? 그리고 아무도 모르게 울타리를 빠져나가 도망치는 토끼들도 있을 거고, 족제비한테 잡아먹히는 토끼들도 있을 거예요. 그러니까 1년 뒤에 전체 토끼는 도저히 233쌍이 될 수 없어요. 이 문제 완전히 엉터리예요. 말도 안 된다고요!"

아로의 말에 할아버지가 껄껄껄 웃습니다.

"수학 문제니까 그렇지. 한 마리도 죽지 않는다고 했잖아. 그런 걸 수학에서는 조건이라고 한단다. 얘들아. 그만 하고 가서 점심 먹자."

아이들은 할아버지와 함께 집으로 갑니다. 마로와 다로가 까불며 촐랑촐랑 가는 동안 아로는 뒤쪽에서 고개를 푹 숙이고 걸어갑니다. 울타리를 따라 걸으며 울타리 밑에 피어난 토끼풀과 작은 들꽃 들을 쳐다봅니다.

"할아버지, 잠깐만요."

아로는 가만히 앉아 토끼풀의 이파리 수와 꽃들의 꽃잎 수를 세어 봅니다. 3장, 5장, 8장 등 잎들이 모두 피보나치수열의 수로 되어 있습니다. 아로는 신기하기만 합니다.

"할아버지, 참 신기해요. 꽃잎들의 수가 모두 피보나치수열의 수로 되어 있어요."

할아버지도 아로 옆에 쪼그리고 앉습니다.

"그래. 자연 속에 피보나치수열 같은 수학이 들어 있다는 게 놀랍지? 수학은 학교 교실이나 학원 강의실, 대학 연구실에만 있는 게 아니란다. 지금 우리가 앉아 있는 이 목장 울타리처럼 수학은 자연과 우리 생활 곳곳에 숨어 있단다."

다로가 뒤돌아보며 묻습니다.

"자연과 생활 속에 수학이 숨어 있다고요?"

"그래. 꼭꼭 숨어 있어서 잘 보이지 않는 거란다. 그러니까 자연과 우리의 일상생활, 나아가 우주에 숨어 있는 진리와 규칙을 찾아내는 게 수학이라고 할 수 있어."

다로는 수학이 재밌는 숨은 그림 찾기와 비슷할지도 모른다는 생각이 듭니다. 마로도 걸음을 멈추어 하늘을 보며 생각에 잠깁니다.

'자연과 우주에 숨어 있는 진리와 규칙을 찾아내는 게 수학이라고?'

마로는 빛이 쏟아지는 하늘을 바라봅니다. 우주비행사가 꿈인 마로는 언젠가 꼭 가 보고 싶은 하늘 밖 우주를 상상합니다.

할아버지가 다가와 말을 건넵니다.

"마로야, 우리가 사는 은하계는 나선은하로 되어 있는데, 그 나선 모양에도 피보나치수열이 숨어 있단다."

"네? 그게 정말이에요?"

마로는 할아버지의 이야기가 신기하기만 합니다. 나선은하의 소용돌이 사진은 인터넷과 과학 잡지에서 자주 보았습니다. 그 나선은하에도 피보나치수열이 들어 있다는 게 정말 놀랍습니다.

"얘들아, 그만 가자!"

할아버지가 울타리를 따라 언덕 아래로 내려갑니다. 아이들이 떠들며 까불까불 뒤따라 갑니다.

집에 도착하자마자 아로와 다로가 부리나케 현관으로 뛰어 들어갑니다.

"엄마, 배고파요!"

둘째 날 마로의 황금비 일기

수학자 피보나치(1170~1250년)

피보나치는 기울어진 사탑으로 유명한 이탈리아의 상업 도시 피사에서 태어났다. 상업 공무원이었던 아버지로부터 상업 계산에 필요한 기초 지식들을 배웠다. 스무 살 무렵부터 이집트, 알제리, 시리아, 그리스 등 여러 나라를 여행하면서 인도의 기수법을 배우고 아라비아 계산법도 익혔다. 다양한 수학 지식을 익혀 계산 기술을 향상시켰으며, 유클리드 같은 고대 수학자들의 업적을 더욱 발전시켰다.

대표적인 저서로 『산반서』와 『제곱근서』가 있다. 『제곱근서』는 수학의 한 분야인 수론을 발달시키는 데 중요한 역할을 했다. 이 책으로 인해 피보나치는 수론 분야에서 디오판토스와 페르마 사이의 가장 뛰어난 수학자로 불리게 되었다. 1202년에 쓴 수학책 『산반서』는 중세 시대의 가장 중요한 수학책으로, 인도 아라비아 숫자의 사용법을 유럽과 전 세계에 널리 전파시키는 역할을 하였다. 이 책에는 여러 가지 재미있는 문제들이 수록되어 있다. 벽을 기어오르는 개미, 토끼를 쫓는 개, 말을 사는 사람들, 체스판 위에 놓인 곡물 낱알의 수, 동전 지갑에 들어 있는 돈의 액수를 구하는 문제 등이다. 앞서 나온 토끼 문제와 함께 다음과 같은 재미있는 퀴즈 시도 실려 있다.

세인트 이브즈로 가는 길에
7명의 부인을 거느린 한 남자와 마주쳤네.
부인들은 모두 자루를 7개씩 갖고 있었는데
자루마다 어미 고양이가 7마리씩 있고
어미 고양이들은 각각 7마리의 새끼를 품고 있다네.
모두 몇이 세인트 이브즈로 가고 있을까?

 피보나치수열에 숨어 있는 신기한 규칙들

1, 1, 2, 3, 5, 8, 13, 21, 34, 55, 89… 피보나치수열에는 재미있는 규칙들이 숨어 있다.

첫째, 연속되는 두 수의 합은 그 다음의 수가 된다.

  예) $5+8=13$ $34+55=89$

둘째, 어떤 수로 다음 다음의 수를 나누면 몫이 2가 되고 나머지는 나누는 수 앞쪽의 수가 된다.(단 처음 두 수는 제외)

  예) $21 \div 8 = 2 \cdots 5$ $55 \div 21 = 2 \cdots 13$

셋째, 첫 항부터 어떤 항까지의 합은 어떤 항 다음 다음의 항에서 1을 뺀 값과 같다.

  예) $1+1+2+3+5+8+13=34-1$

넷째, 짝수 항들의 합은 그 마지막 짝수 항의 다음 항에서 1을 뺀 값과 같다.

  예) $1+3+8+21+55=89-1$

다섯째, 첫 항부터 어떤 항까지의 제곱의 합은 어떤 항과 그 다음 항의 곱과 같다.

예 $1^2+1^2+2^2+3^2+5^2+8^2=8\times13$

3 피보나치수열에 숨어 있는 황금비

피보나치수열의 가장 재미있고 신기한 특징은 수가 점점 커짐에 따라 수들 사이에 황금비가 나타나는 점이다. 즉 1, 1, 2, 3, 5, 8, 13, 21, 34, 55, 89…에서 앞의 수로 다음 수를 계속 나누어 가면 그 값이 점점 황금비(1.618)에 가까워진다.

수열	1	1	2	3	5	8	13	21	34 …
비	$\frac{1}{1}$	$\frac{2}{1}$	$\frac{3}{2}$	$\frac{5}{3}$	$\frac{8}{5}$	$\frac{13}{8}$	$\frac{21}{13}$	$\frac{34}{21}$ …	

그럼 피보나치수열에 황금비가 들어 있다는 사실이 왜 중요할까?

황금비로 된 인간의 몸이나 자연물이 피보나치수열에 따라 이루어져 있음을 알 수 있기 때문이다. 수많은 동식물들에게서 피보나치수열이 나타난다. 예를 들어, 해바라기 씨앗의 배열, 솔방울 껍질, 달팽이 껍데기, 식물 줄기에 나타나는 싹의 배열, 동물 뿔의 나선구조, 태풍의 눈 등에서 피보나치수열이 나타난다.

4 피보나치수열과 루카스수열

피보나치수열과 같은 규칙을 가지나 첫 항이 2이고, 둘째 항이 1인 수열을 루카스 수열이라고 한다. 즉 2, 1, 3, 4, 7, 11, 18, 29, 47…로 나열되는 수열로, 프랑스 수학자 루카스(1842~1891년)가 발견했다. 신기하게도 피보나치수열처럼 루카스수열도 항이 계속될수록 연속하는 두 수의 비율이 황금비에 점점 가까워진다. 루카스수열의 어떤 항은 바로 앞항과 뒷항의 피보나치수열을 더한 것과 같다. 그리고 피보나치수열의 어떤 항을 5배 한 것은 바로 앞 항과 다음 항의 루카스수열을 더한 것과 같다.

| 피보나치수열 | 0 | 1 | 1 | 2 | 3 | 5 | 8 | 13 | 21 | … |
| 루카스수열 | 2 | 1 | 3 | 4 | 7 | 11 | 18 | 29 | 47 | … |

7=2+5   29=8+21

| 피보나치수열 | 0 | 1 | 1 | 2 | 3 | 5 | 8 | 13 | 21 | … |
| 루카스수열 | 2 | 1 | 3 | 4 | 7 | 11 | 18 | 29 | 47 | … |

2×5=3+7   8×5=11+29

> **모두 몇이 세인트 이브즈로 가고 있을까?**
> 답 : 7(부인)×7(자루)×7(어미 고양이)×7(새끼)+1(한 남자)
> +1(세인트 이브즈로 가는 길에 한 남자와 마주친 사람)=2403

하늘을 나는 아이들

셋째 날

민들레언덕에 바람이 붑니다. 바람이 길고 말랑말랑한 손가락으로 언덕을 살살 간질이며 지나갑니다. 그때마다 들꽃들이 간지럽다고 까르르 웃으며 옆으로 눕습니다. 바람이 지나가고 나면 꽃들은 다시 노란 머리칼을 풀어 헤치고 햇볕에 얼굴을 쬡니다. 이제 막 꽃을 피운 아기 민들레가 눈을 지그시 감고 있습니다.

"아, 따뜻해."

아기 민들레는 뺨에 와 닿는 봄 햇살이 너무 좋습니다. 따사로운 햇빛 속에서 민들레들이 호호호 웃는 소리가 들립니다. 민들레 옆에는 햇볕을 쬐고 키가 쑥쑥 큰 쑥들이 환하게 웃고 있습니다. 가끔 불어오는 간들바람에 강아지풀도 간들간들 꼬리를 흔듭니다.

"아, 달다. 맛있는 민들레 꿀차!"

꿀벌 두 마리가 노란 민들레 꽃방석에 앉아 꿀을 빨아 먹고 있습니다. 몸통에 까만 리본을 두른 꿀벌이 꿀을 한 모금 마시고는 하늘을 쳐다봅니다. 얼굴에도 손에도 발에도 노란 꽃가루가 잔뜩 묻어 있습니다.

"냠냠! 아, 배부르다."

꿀벌이 배를 통통 두드리며 말합니다. 고개를 들어 두리번거리더니 다른 꽃을 향해 포르르 날아갑니다. 나머지 꿀벌들도 따라갑니다. 꿀벌들이 지나가는 언덕 아래에 머리가 하얗게 샌 키 작은 할머니 민들레가 보입니다. 할머니 민들레의 머리에 예쁜 나비 한 마리가 앉아 있습니다.

할머니 민들레가 나비에게 묻습니다.

"넌 어디서 왔니?"

"저쪽 과수원 너머 새터들판에서 왔는데요."

"거긴 어떤 곳이야?"

"맑은 강물이 흐르고 토마토밭이 있어요. 노란 유채꽃밭도 있고요."

"오, 그래? 하나도 안 변한 모양이구나."

할머니 민들레의 표정이 밝아집니다. 할머니 민들레는 새터들판에 꼭 가 보고 싶습니다. 거긴 오래 전 할머니 민들레가 태어난 곳입니다. 바람의 등에 업혀 이곳 민들레언덕으로 오기 전까지 살던 고향입니다. 이제 거기로 돌아가서 새 삶을 시작하고 싶습니다. 하지만 혼자 힘으로는 도저히 갈 수가 없습니다.

"제가 도와 드릴까요?"

나비가 가만히 날개를 접으며 말합니다. 살며시 모아지는 나비 날개가 꼭 기도하는 소녀의 두 손 같습니다.

"네가 어떻게?"

나비는 할머니 민들레의 홀씨 하나를 발에 붙입니다. 날개를 활짝 펴고는 공중으로 가볍게 날아오릅니다.

"저도 도와 드릴게요."

할머니 민들레와 나비가 나누는 이야기를 듣고 산들바람이 달려옵니다. 바람은 두 팔을 활짝 벌려 할머니 민들레의 홀씨들을 모두 가슴에 안습니다. 그리고는 공중으로 높이 날아오릅니다.

"야호! 신 난다!"

바람의 가슴에 안긴 할머니 민들레의 홀씨들이 기뻐서 소리를 지릅니다. 바람은 웃으며 민들레 홀씨들을 안고 과수원 너머 새터들판으로 둥실둥실 날아갑니다.

그 아름다운 풍경을 바라보며 아이들이 민들레언덕에 앉아 있습니다.

"오빠, 저기 봐!"

남쪽 하늘의 구름 사이로 무언가 날아오고 있습니다. 매는 아닙니다. 산비둘기도 아닙니다. 햇빛에 눈이 부셔 자세히 보이지는 않지만 어떤 물체가 점점 가까이 다가오고 있습니다.

다로가 일어섭니다. 눈썹 위에 손을 얹고 고개를 앞으로 빼고는 물체를 바라봅니다.

"형, 혹시 비행접시 아냐?"

"뭐?"

마로도 일어나 물체를 바라봅니다. 물체가 점점 아이들이 있는 언덕을 향해 다가옵니다. 좀 더 가까이 날아오자 물체가 한눈에 보입니다. 커다란 종이 양탄자입니다. 양탄자가 아이들 머리 위로 휙 지나갔다가 빙글 돌면서 다시 다가옵니다.

"피보다!"

양탄자 위에 피보가 타고 있습니다. 아이들이 손을 흔들자 양탄자가 언덕으로 내려옵니다. 빙글빙글 나선을 그리며 천천히 땅으로 내려옵니다.

"얘들아, 안녕!"

양탄자에서 내리며 피보가 인사합니다. 아이들도 반갑게 인사합니다.

"어제 내 준 토끼 문제는 알아냈어?"

다로가 자신 있게 말합니다.

"물론이지!"

다로가 설명을 하고 답을 말하자 피보가 만족스러운 표정을 지으며 좋아합니다.

"그런데 피보, 이 양탄자는 뭐야?"

"하늘을 나는 황금비 양탄자야."

양탄자는 직사각형 모양입니다. 두 변의 길이의 비가 황금비를 이루는 황금사각형입니다. 세로 변에 '55'라고 숫자가 적혀 있습니다. 귀퉁이마다 멋진 장식이 달려 있습니다. 아이들은 신기한 듯 양탄자를 만져 봅니다. 보들보들한 털로 덮여 있지는 않지만 촉감이 아주 보드랍고 좋습니다.

아이들이 계속 양탄자를 만지며 신기해하자 피보가 말합니다.

"종이 양탄자에 황금사각형을 만들어 황금나선을 그려라! 이것이 황금비나라로 가기 위한 셋째 날의 문제야."

"뭐? 황금나선을 그리라고?"

"그래. 황금나선을 그리면 이 황금비 양탄자가 하늘을 날기 시작할 거야."

"그게 정말이야?"

"황금비 양탄자는 마법의 양탄자야. 하늘로 올라가거나 땅으로 내려

올 때 황금나선을 그리며 비행해."

피보는 주머니에서 빛이 나는 크레용을 꺼내어 건네줍니다.

"자, 받아. 멜레온이야."

마로가 멜레온 크레용을 받아 만져 봅니다.

"멜레온은 황금비나라 아이들이 쓰는 크레용이야. 생각하는 대로 색깔이 변하지."

마로는 멜레온을 이리저리 살펴보며 파란색을 생각합니다. 그러자 곧바로 멜레온이 파란색으로 변합니다. 보라색을 생각하자 보라색으로 변하고, 초록색을 생각하자 초록색으로 변합니다. 마로는 신기하기만 합니다.

"네가 좋아하는 색깔을 생각해 봐."

마로가 멜레온을 아로에게 건네주며 말합니다.

아로는 분홍색을 생각합니다. 그렇게 생각하자마자 아로의 손에 들린 멜레온이 분홍색으로 변합니다. 주황색을 생각하자 주황색으로 변합니다. 아로가 생각하는 대로 멜레온의 색깔이 계속해서 변합니다.

"우와! 오빠, 정말 신기해."

다로도 눈을 똥그랗게 뜨고 지켜봅니다.

"아로야, 이리 줘 봐."

다로가 멜레온을 받아 만집니다. 이리저리 살피며 만지작거리는데 갑자기 멜레온이 똥색으로 변합니다.

"야, 너 방금 똥 생각했지?"

다로의 얼굴이 붉어집니다. 속으로 생각한 것이 들켜서 다로는 얼굴이 후끈 달아오릅니다. 그 모습을 보고 아로가 깔깔거리며 웃습니다.

마로가 피보에게 묻습니다.

"황금나선을 그리면 정말로 이 양탄자가 우리를 태우고 하늘을 날아? 진짜야?"

피보가 고개를 끄덕입니다.

"그럼 셋이서 잘 생각해서 그려. 난 저기 들꽃이 핀 곳에 가 봐야겠어."

피보가 비탈로 내려간 후 아이들은 양탄자를 골똘히 쳐다봅니다. 손으로 계속 입술 끝을 만지작거리던 다로가 묻습니다.

"형, 이 숫자 55는 뭐지?"

"음, 글쎄."

마로는 숫자를 계속 쳐다보며 생각에 생각을 거듭합니다. 어디선가 많이 본 숫자입니다.

"맞다. 이거 피보나치수열에 나오는 숫자잖아!"

"어, 정말이네."

"다로야, 이 양탄자는 황금비 양탄자니까 세로와 가로의 비가 황금비, 즉 1:1.618을 이루어야 해."

마로가 무언가를 알아챈 모양입니다. 얼른 계산을 합니다. 55에 1.618을 곱합니다. 계산을 마치고는 손으로 짚어 가며 말합니다.

"이 양탄자의 가로 길이는 약 89야. 89 빼기 55는 34니까 여기야 여기! 이 빨간 점이 이 양탄자의 가로 길이를 황금분할 하는 점이야. 그러니까 이 빨간 점에서 아래로 수직선을 그으면 왼쪽엔 정사각형, 오른쪽엔 작은 황금사각형이 만들어져."

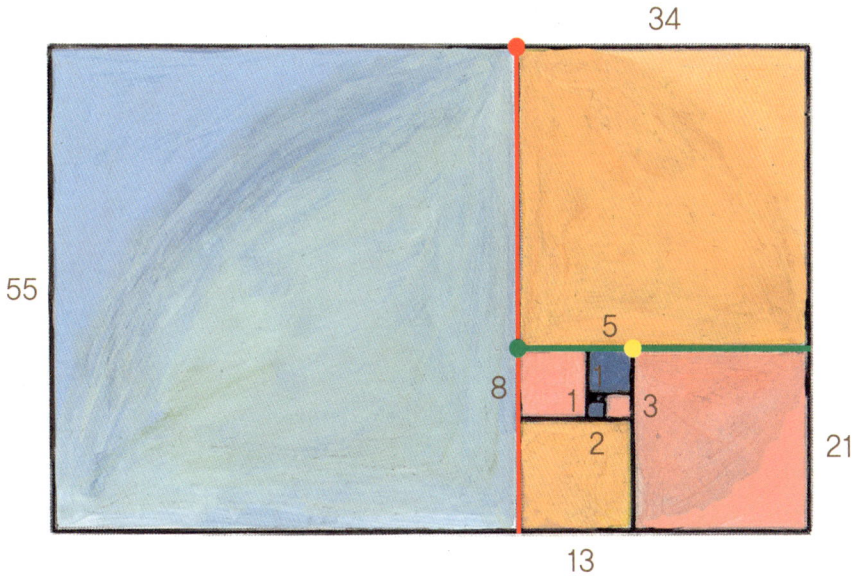

"히야! 형, 정말 대단하다."
마로가 수직선을 내려 긋고 숫자를 적어 넣자 다로가 다시 말합니다.
"형, 34도 피보나치수열의 수잖아."
"그러네. 그럼 피보나치수열의 수만큼 길이를 정해서 그리면 황금사각형이 또 만들어지겠다. 피보나치수열의 연속하는 두 수는 거의 황금비를 이루잖아."
"아, 맞다. 얼른 해 봐."

마로는 계산을 해서 빨간 선을 황금분할 하는 초록 점을 잡습니다. 초록 점에서 오른쪽으로 수직선을 긋습니다. 그러자 초록선 위쪽엔 정사각형이, 아래쪽엔 더 작은 황금사각형이 만들어집니다. 마로는 다시 초록 선을 황금분할 하는 노란 점을 잡습니다. 그런 식으로 계속 수직선을 그리자 점점 더 작은 황금사각형들이 만들어집니다.

"어휴, 힘들어!"

마로가 다 그리고 한 걸음 뒤로 물러나자 다로와 아로는 숫자들을 바라봅니다. 1, 1, 2, 3, 5, 8, 13, 21, 34, 55, 89.

"형, 이거 전부 피보나치수열의 수야."

"그래. 이 황금비 양탄자는 짧은 변과 긴 변의 길이의 비가 피보나치수열의 연속하는 두 수의 비로 되어 있어. 가장 큰 황금사각형은 55:89이고, 그 안의 작은 황금사각형은 34:55, 그 안의 더 작은 황금사각형은 21:34야. 피보나치수열의 규칙에 따라 점점 작아지면서 한 점을 향해 모이고 있어."

마로의 설명을 들으며 다로는 자세히 살펴봅니다. 큰 황금사각형 속에 작은 황금사각형이 들어 있고, 작은 황금사각형 속에 더 작은 황금사각형이 계속해서 들어 있습니다.

"와! 형, 정말 그렇다."

"이제 황금나선을 그려야 돼."

"어떻게?"

"정사각형마다 이렇게 둥글게 *사분원을 그려서 연결해 보자."

***사분원** 한 개의 원을 직교하는 두 지름으로 나눈 네 부분의 하나

마로가 정사각형마다 사분원을 그려서 연결하자 둥글고 멋진 황금 나선이 태어납니다.

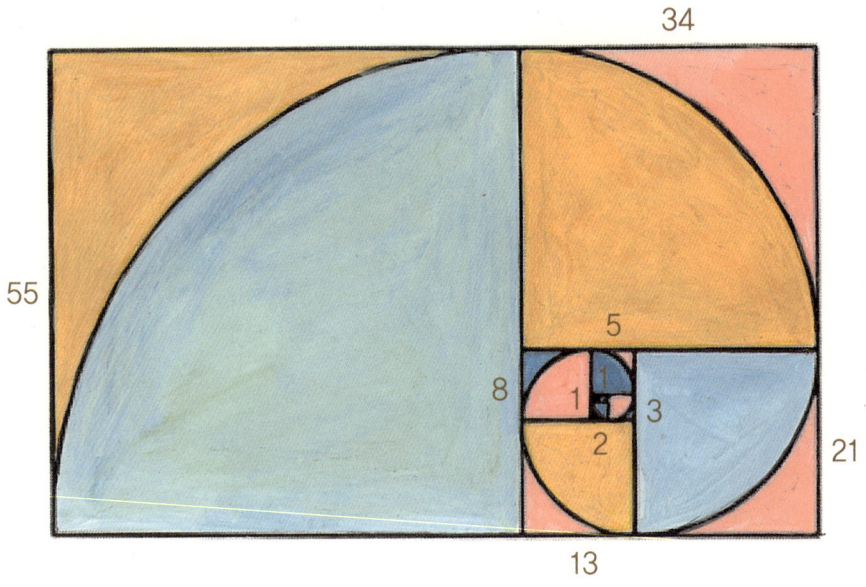

황금나선이 완성되자 갑자기 양탄자가 꿈틀꿈틀 움직입니다. 잔잔하게 일렁이는 물결처럼 양탄자가 너울거립니다. 동시에 양탄자에서 황금색 빛이 뿜어져 나오기 시작합니다. 빛이 사방으로 빠르게 퍼져 갑니다. 비탈에서 들꽃을 따던 피보가 쳐다보고는 뛰어옵니다.
"와! 드디어 완성했구나. 너희 정말 대단해. 모두 어서 타!"
하지만 아이들은 선뜻 양탄자에 오르지 않습니다.
"괜찮아. 이 황금비 양탄자는 조금도 위험하지 않아. 겁먹을 거 없다니까!"

"피, 피보! 지… 진짜지?"

아로가 잔뜩 겁먹은 얼굴로 더듬더듬 묻습니다.

"걱정 말라니까!"

피보가 먼저 양탄자에 오르자 마로가 따라 오릅니다. 다로도 주춤주춤 올라가 마로 옆에 바짝 엎드립니다. 아로는 오빠들의 손을 꽉 잡고 양탄자 가운데에 엎드립니다.

"자, 준비 다 됐지? 출발!"

피보가 황금나선이 모이는 극점을 엄지발가락으로 꾹 누르자 양탄자가 바람을 가르며 하늘로 날아오릅니다. 빙그르르 황금나선을 그리며 하늘 높이 날아오릅니다. 처음에는 천천히 날다가 조금씩 속도를 높입니다. 그때마다 아이들이 소리를 지릅니다. 한참을 올라가자 수평으로 날기 시작합니다. 잔잔한 파도를 타는 것처럼 바람을 타며 기분 좋게 날아갑니다.

천천히 수평으로 날아가던 양탄자가 갑자기 더 높이 날아오르기 시작합니다. 커다란 나선을 그리며 빠르게 돌자 아이들이 비명을 지릅니다. 아이들은 떨어질까 무서워 서로 손을 꽉 붙잡고 힘을 줍니다. 세찬 바람에 아이들의 머리카락이 사자의 갈기처럼 사납게 흩날립니다. 양탄자는 경사가 심한 비탈을 오르듯 순식간에 구름 속으로 날아 들어갑니다. 처음으로 구름 속에 들어와 본 아이들은 마치 꿈을 꾸는 것만 같습니다.

"와, 우와!"

다로도 아로도 아무 말도 못 하고 감탄만 합니다. 양탄자는 다시 구름 밖으로 나와 농장 위를 천천히 날아갑니다. 양탄자 밑으로 새들이 무리를 지어 날아갑니다.

"형, 저기 봐. 우리 집이 코딱지만 해."

마로가 웃습니다.

"아로야, 너도 봐."

잔뜩 겁을 먹고 있던 아로도 한결 마음이 누그러집니다. 양탄자 밖으로 얼굴을 내밀고 아래를 내려다봅니다. 들판을 가로지르는 긴 강이 꼭 구불구불한 대왕 지렁이처럼 보입니다. 어마어마하게 컸던 산도 들판도 언덕도 모두 손바닥보다 작게 보입니다. 농장 울타리 안에 있는 소와 염소와 닭 들은 개미보다 작게 보입니다.

조금 더 시간이 지나자 아이들은 마음이 편해집니다. 높은 곳으로 올라오니까 가슴이 후련해지는 것 같습니다. 다로와 마로가 있는 힘껏 소리를 지릅니다.

"와!"

"야-호!"

아로도 크게 소리쳐 불러 봅니다.

"엄마! 할아버지!"

양탄자 옆으로 커다란 날개를 가진 하얀 새들이 다가와 함께 날고 있습니다. 고래를 닮은 구름도 둥둥 떠가고 있습니다.

"안녕!"

아로가 인사하자 새들도 인사합니다. 새들은 날개를 힘차게 휘젓고는 빠르게 아래로 내려갑니다. 양탄자가 천천히 새를 따라 내려갑니다. 빙그르르 나선을 그리며 민들레언덕에 사뿐히 내려앉습니다. 양탄자에서 내리자마자 다로랑 아로가 피보를 끌어안습니다.

"피보, 멋진 비행이었어."

마로도 말합니다.

"피보, 정말 굉장한 비행이었어. 고마워!"

"내가 뭘. 너희가 스스로 최선을 다해 문제를 풀었기 때문이야."

마로가 다시 묻습니다.

"피보, 궁금한 게 있어."

"뭐?"

"황금비나라에 있는 양탄자는 모두 이런 직사각형 모양이야?"

"아니. 삼각형 모양으로 된 황금삼각형 양탄자도 있고, 마름모 모양의 황금마름모 양탄자도 있어."

"그럼 다음엔 황금마름모 양탄자를 타 볼 수 있어?"

"황금마름모 양탄자는 속도가 장난이 아니야. 정말 아찔아찔해. 처음 탈 때는 오줌이 줄줄 나와. 하지만 기분은 정말 짱이야!"

피보의 말에 아이들은 겁이 나면서도 꼭 타 보고 싶습니다. 꼭 황금비나라에 가서 황금마름모 양탄자를 타 보고 싶습니다.

"황금비나라에 가고 싶으면 내가 주는 문제들을 잘 풀어야 해. 중간에 포기하면 안 돼."

다로가 우쭐거리며 젠체합니다.

"포기라니? 우린 절대로 포기하지 않아! 우리가 얼마나 황금비나라에 가고 싶어하는지 아직도 모르겠어?"

다로는 더 우쭐거리며 그림에서 본 나폴레옹 흉내를 냅니다. 말 탄 나폴레옹처럼 팔을 앞으로 쭉 뻗으며 외칩니다.

"나를 따르라. 나의 사전에 포기라는 말은 없다!"

다로의 표정과 자세를 보고 아로가 깔깔깔 웃습니다. 피보도 웃습니다. 마로는 웃다가 가만히 눈길을 돌려 하늘 저편을 바라봅니다. 새들과 구름이 유유히 공중을 날고 있습니다. 구름 뒤에서 낮별 하나가 내려와 마로의 눈을 향해 반짝 윙크하고는 다시 하늘 속으로 사라집니다.

밤이 깊어 가고 있습니다. 창밖에 보름달이 떠 있습니다. 할아버지 서재에서 마로는 황금비에 관한 책을 보고 있습니다. 아로와 다로가 문을 열고 들어옵니다.

"오빠, 뭐 해?"

"얘들아, 이리 와 봐. 피보나치수열을 이용해서 황금나선을 그리는 방법을 알아냈어."

"정말? 어떻게 그리는데?"

"피보나치수열은 1, 1, 2, 3, 5, 8… 순으로 나열되잖아. 그 수에 해당되는 길이를 가진 정사각형을 차례대로 그려 나가면 돼."

"그게 무슨 말이야?"

마로는 그림을 그려 가며 설명합니다.

"여기 봐. 우선 한 변의 길이가 1인 정사각형 A를 그려. 그런 다음 A와 똑같은 정사각형을 하나 더 그려. 그 다음 한 변의 길이기 2인 정사각형을 그려. 계속해서 같은 방향으로 돌아가면서 그리면 돼."

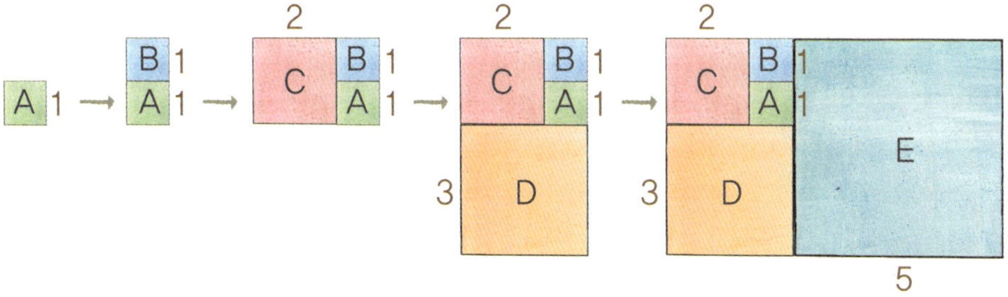

"큰오빠, 그럼 그 다음은 한 변의 길이가 3인 정사각형을 아래쪽에 붙여서 이렇게 그리면 되겠다. 그치?"

마로가 고개를 끄덕이자 이번엔 다로가 말합니다.

"그 다음은 한 변의 길이가 5인 정사각형을 이렇게 오른쪽에 붙여서 그리면 되겠네?"

"그래. 그런 규칙에 따라서 계속해서 정사각형을 그린 다음 각각의 정사각형에 사분원을 그려서 연결하면 황금나선이 만들어져."

"정말? 내가 해 볼게."

아로가 컴퍼스를 집습니다. 각각의 정사각형에 사분원을 그려 연결하자 아름답고 멋진 황금나선이 만들어집니다.

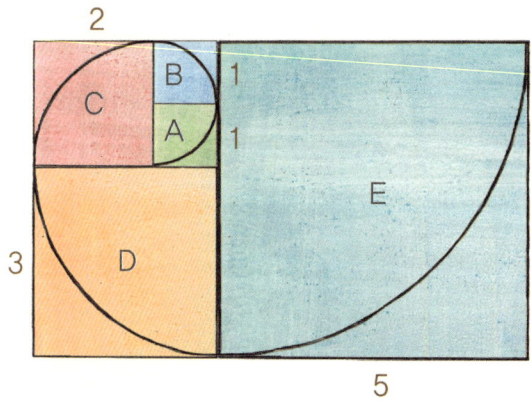

"와, 큰오빠. 이거 아까 낮에 탄 황금비 양탄자에 그렸던 거랑 똑같은 모양이네."

"그래. 아까 것은 밖에서 안으로 좁아지는 황금나선을 그린 거고, 이건 안에서 밖으로 뻗어 나가는 황금나선을 그린 거야. 모양은 똑같은데 그리는 방법이 달라."

아로는 황금나선 그리기가 무척 재미있습니다.

"오빠, 나 또 해 볼래!"

아로는 스케치북에 작은 정사각형을 그리고 점점 커지는 정사각형들을 계속 붙여서 그립니다. 한 변의 길이가 55인 정사각형까지 그린 다음 사분원을 그려 나선으로 연결합니다. 그러자 낮에 황금비 양탄자에 마로가 그렸던 것과 똑같은 모양의 황금나선이 만들어집니다.

"야호! 됐어. 오빠, 나도 했어. 내가 혼자서 그렸다고."

아로는 각각의 정사각형마다 알록달록 색깔을 칠합니다. 멜레온으로 쓱싹쓱싹 문지르며 좋아합니다. 스케치북 빈 곳에는 아로가 좋아하는 여러 가지 꽃과 식물들을 그립니다. 동물도 그리고 달도 별도 해도 그립니다.

밤이 점점 깊어 가고 있습니다. 다로가 졸기 시작합니다. 꾸벅꾸벅 졸더니 책에 뺨을 대고 스르르 잠이 듭니다. 입술 끝에서 침이 흘러내립니다. 아로도 졸음이 밀려오나 봅니다. 자꾸 하품을 합니다.

"아, 졸려."

"아로야, 그만 가서 자."

마로가 다로의 어깨를 흔들어 깨웁니다. 눈을 게슴츠레 뜨며 다로가 일어납니다. 다로랑 아로가 침실로 건너갑니다. 마로는 서재의 형광등 불을 끄고 책상 위의 작은 스탠드를 켭니다. 황금비 일기를 쓰기 시작합니다.

셋째 날
마로의 황금비 일기

황금마름모

마름모는 네 변의 길이가 같은 사각형이다. 마름모의 두 대각선은 서로를 수직이등분 한다. 이때 두 대각선의 길이의 비가 황금비로 된 마름모를 황금마름모라 한다.

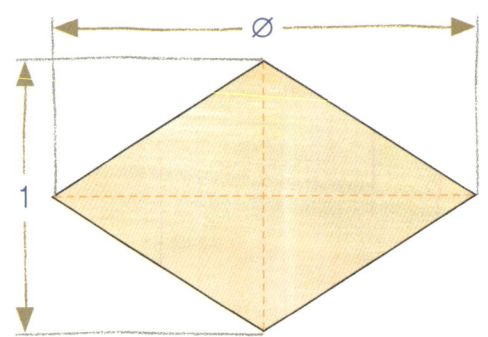

마름모는 두 쌍의 마주 보는 변이 평행이므로 평행사변형이라고 할 수 있고, 사다리꼴이라고도 할 수 있다. 참고로 '마름'은 바늘꽃과의 일년생 식물 이름이고, '모'는 두부를 네모나게 만든 것을 뜻한다.

 황금삼각형

황금삼각형은 이등변삼각형 중에서 길이가 다른 두 변의 길이의 비가 황금비를 이루는 삼각형이다. 꼭지각이 36°, 밑각이 72°인 이등변삼각형과 꼭지각이 108°, 밑각이 36°인 이등변삼각형 두 종류가 있다.

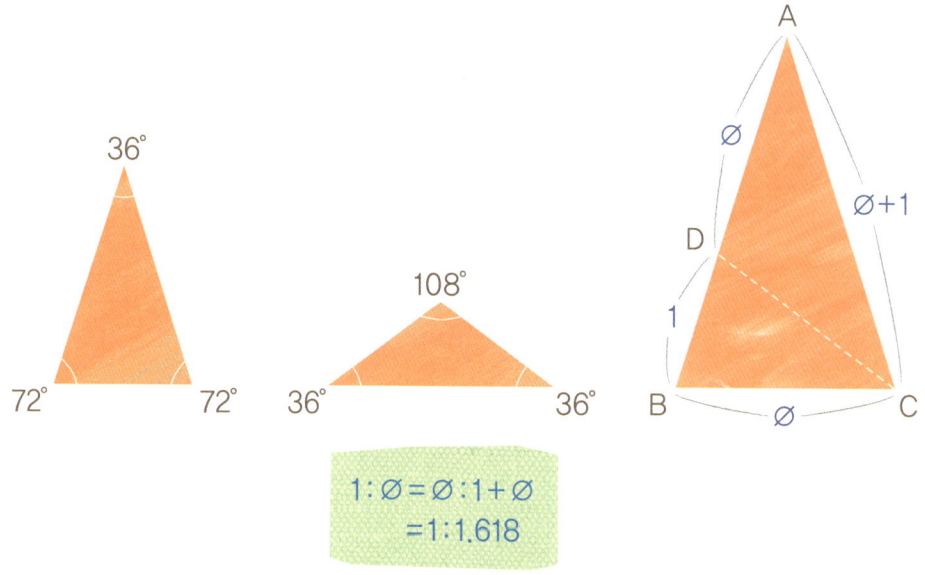

두 종류의 황금삼각형을 합친 삼각형 ABC는 변 BC와 변 CA가 황금비를 이루므로 황금삼각형이다. 삼각형 BCD도 황금삼각형이므로 큰 황금삼각형 ABC 안에 작은 황금삼각형이 들어 있는 셈이다. 이런 식으로 계속해서 황금삼각형 안에 황금삼각형을 그릴 수 있다. 또한 삼각형 ABC와 삼각형 BCD는 닮은꼴이므로 비례식이 성립한다.

즉 밑변의 길이:빗변의 길이의 비는 서로 같고, 그것은 황금비를 이룬다.

3 정오각형 속의 황금비와 피타고라스의 별

황금삼각형은 정오각형에서 대각선을 그어 보면 쉽게 찾을 수 있다.

정오각형은 3개의 큰 황금삼각형으로 이루어져 있고, 각각의 황금삼각형들은 또 여러 개의 황금삼각형으로 이루어져 있다. 즉, 정오각형 안에서 만들어지는 크고 작은 삼각형들은 모두 황금삼각형이다.

위의 그림에서 a:b=b:c=c:d는 모두 황금비를 이룬다. 정오각형은 내부에 수많은 황금삼각형을 숨겨 놓은 황금비의 보물 창고라고 할 수 있다. 고대 그리스의 수학자 피타고라스는 이 놀랍고도 신비로운 사실을 발견하고, 정오각형의 내부에 있는 별 모양을 피타고라스학파의 상징물로 삼았다.

정오각형 형태를 띤 생물들은 자연에 아주 많다.

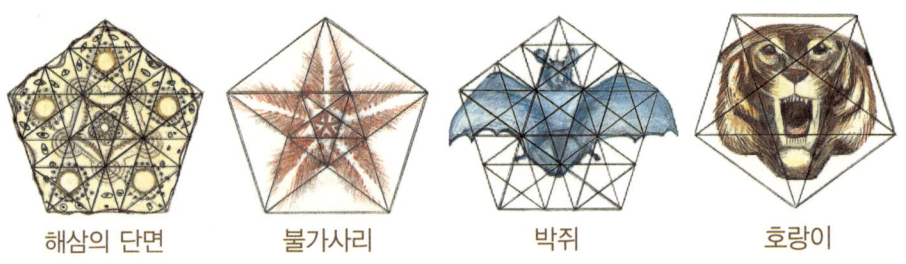

해삼의 단면　　불가사리　　박쥐　　호랑이

4 황금나선

황금사각형(황금삼각형) 안에 점점 더 작은 황금사각형(황금삼각형)들을 그려 나가면서 꼭짓점들을 둥글게 연결하면 아름다운 곡선이 만들어진다. 이 곡선이 황금비에 의해 만들어지는 나선, 즉 황금나선이다. 황금나선은 하나의 중심을 향해 모아지는데 그 점을 황금나선의 극점이라고 한다. 황금사각형의 황금나선에서 흥미로운 점은 각각의 사분원과 그 반지름이 항상 황금비(1:1.618)를 유지한다는 것이다.

 매는 사냥을 할 때 먹이를 향해 똑바로 급강하하기보다는 곡선을 그리며 난다. 이때 매가 그리는 곡선 모양이 바로 황금나선이다.

 이러한 황금나선은 앵무조개의 껍질, 산양의 뿔, 독수리의 부리, 해마의 꼬리, 사람의 귀, DNA 분자, 태풍 허리케인, 소용돌이, 나선은하에 이르기까지 자연과 우주에서 많이 발견된다.

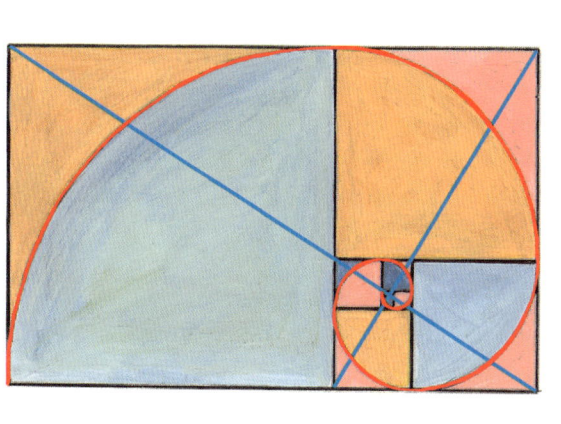
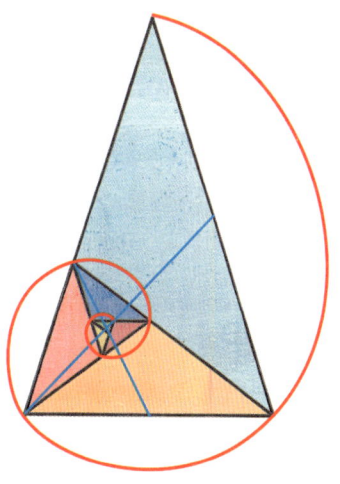

마법의 키자르 샘물

넷째 날

농장 남쪽 끝의 울타리입니다. 정오에 아이들이 피보를 만나기로 약속한 장소입니다. 다로랑 아로가 울타리에 걸터앉아 닭에게 모이를 던져 주고 있습니다. 다로가 바구니에 든 모이를 한 주먹 집어 휙 뿌리자 닭들이 우르르 몰려듭니다. 검은 닭도 있고 토종닭도 있습니다. 발로 땅을 후비고는 부리로 지렁이를 콕콕 쪼는 닭도 보입니다. 어떤 닭은 물통에 담긴 물을 먹고는 하늘을 쳐다봅니다. 어떤 닭은 울타리를 넘으려고 날개를 파닥파닥거리며 날아오르다가 다시 울타리 안으로 툭 떨어집니다.

울타리 바깥으로는 풀들이 우거져 있습니다. 꺼끌꺼끌한 환삼덩굴도 있고 토끼들이 좋아하는 씀바귀도 많습니다. 칡넝쿨로 뒤덮인 나무들도 보입니다.

나무 옆 풀숲에서 마로가 공을 찾고 있습니다. 울타리를 넘어 풀숲에 떨어진 공을 찾고 있습니다. 마로가 굽혔던 허리를 펴고 울타리 쪽을 바라봅니다.

"야! 너희도 이리 와서 좀 찾아 봐."

아로랑 다로가 울타리에서 펄쩍 뛰어내려 마로가 있는 곳으로 뛰어갑니다. 다로가 풀숲으로 들어서며 묻습니다.

"형, 정오가 지났는데 왜 피보가 안 나타나지?"

"나도 몰라."

마로는 강아지풀이 우거져 있는 왼쪽으로 갑니다. 그때 아로가 풀들이 떼 지어 자라는 곳에서 무언가를 발견한 모양입니다.

"오빠, 이리 와 봐. 어서!"

아로가 다급하게 부르자 마로랑 다로가 헐레벌떡 뛰어갑니다.

"이게 뭐야?"

마로도 다로도 놀라서 눈이 똥그래집니다. 이파리가 긴, 처음 보는 풀 밑에 달걀 세 개가 놓여 있습니다. 울타리를 넘어 온 힘센 암탉이 몰래 둥지를 틀고 낳은 달걀입니다. 둥지 안에 보드라운 닭털이 떨어져 있습니다. 달걀이 아직 따뜻한 것으로 보아 방금 전까지 어미 닭이 알을 품었던 모양입니다.

그런데 그 달걀 때문에 아이들이 놀란 것이 아닙니다. 달걀 옆에 작은 토끼가 있습니다. 키가 달걀 높이밖에 되지 않습니다.

"세상에! 어떻게 이렇게 작은 토끼가…."

놀라서 벌어진 입을 다물지 못하고 아이들은 토끼를 쳐다봅니다. 마로가 가까이 다가가 손가락으로 토끼의 귀를 건드려 봅니다. 등의 털을 살살 문질러 봅니다. 꼬리를 톡톡 건드리자 토끼가 앞발을 번쩍 들고 일어섭니다. 휙 돌아서더니 버럭 소리를 지릅니다.

"나야, 나. 피보라고!"

깜짝 놀란 마로가 뒤로 물러섭니다. 다로도 얼떨결에 뒤로 물러섭니다. 물러섰다가 다시 다가가 자세히 봅니다.

"형, 맞아. 피보가 맞아."

토끼 손에 아주 작은 줄자가 들려 있습니다.

"피보! 너 왜 이렇게 작아진 거야? 여기서 뭐 하는 거야?"

"아까 족제비가 나를 잡아먹으려고 쫓아왔어. 그래서 할 수 없이 여기로 숨었어. 키자르 샘물을 마시고 몸을 줄인 거야. 이렇게 작아지면 숨어 있기가 좋잖아."

"뭐, 뭘 마셨다고?"

"키자르 샘물. 황금비나라의 키자르 계곡에서 나오는 신비로운 샘물이야."

피보는 주머니에서 샘물이 든 작은 병 두 개를 꺼냅니다. 아주 작은 젖병처럼 생겼는데, 하나에는 파란 샘물이 들어 있고 하나에는 초록 샘물이 들어 있습니다.

아이들은 눈을 말똥거리며 샘물을 쳐다봅니다.

"파란 샘물을 마시면 몸이 작아지고, 초록 샘물을 마시면 몸이 엄청 커져."

"그게 정말이야?"

다로의 놀란 눈이 더욱 커집니다.

"응. 먹지 않고 바를 수도 있어. 바르면 바른 곳만 커지거나 작아져."

피보는 파란 샘물이 든 병의 뚜껑을 열어 옆에 있는 바위에 한 방울 떨어뜨립니다. 그러자 바위가 점점 줄어들더니 아주 작은 돌멩이로 변합니다.

"우와, 짱이다!"

아이들은 놀란 붕어처럼 입만 벌리고 있습니다.

피보는 초록 샘물이 든 병의 뚜껑을 열어 한 모금 마십니다. 그러자

몸이 붕붕거리며 커집니다. 피보는 금세 원래 크기로 돌아옵니다.
"휴! 이제 됐다. 이젠 날 알아보겠지?"
아이들은 모두 고개를 끄덕입니다. 샘물이 든 병을 계속 쳐다보던 다로가 묻습니다.
"피보, 그 샘물 나에게 주면 안 돼?"
다로는 꼭 한 번 키자르 샘물을 사용해 보고 싶은 눈치입니다.
"좋아. 딱 한 번만 쓰게 해 줄게."
다로는 초록 키자르 샘물을 받아 자기의 왼손 엄지에 한 방울 떨어뜨립니다. 그러자 순식간에 엄지가 머리통만 하게 커집니다.
"엄마야!"
깜짝 놀란 다로가 기겁을 하며 뒷걸음을 칩니다. 뒷걸음을 치다 벌렁 넘어집니다.
"오빠, 괜찮아?"
"피보, 어서 원래대로 해 줘. 어서!"
피보가 다가가 다로의 어마어마하게 커진 손가락에 파란 키자르 샘물을 바릅니다. 그러자 손가락이 금세 다시 줄어듭니다. 그제야 안심이 된 다로가 길게 숨을 내쉽니다.
"휴!"
"얘들아, 이 키자르 샘물은 아무렇게나 막 커지거나 줄어드는 게 아니야. 커지거나 작아지는 데도 규칙이 있어."
"규칙이라니?"

마로가 키자르 샘물이 든 병을 쳐다보며 묻습니다.

"황금비나라에서 만들어진 것이기 때문에 피보나치수열의 규칙대로 커지거나 작아져."

"그럼 1, 1, 2, 3, 5, 8, 13, 21, 34, 55…처럼 점점 더 크게 커진다는 뜻이야?"

"그래. 자, 봐."

피보는 초록 키자르 샘물을 달걀에 떨어뜨립니다. 그러자 달걀이 점점 커집니다. 피보의 말대로 시간이 지날수록 점점 더 빠르게 커집니다.

"피보. 그만, 그만 해. 우와!"

달걀이 어마어마하게 커지고 있습니다. 풀밭에 놓인 달걀 하나가 주변에 있는 큰 나무들보다 몇 배나 더 커집니다. 잘못하면 순식간에 아이들이 달걀에 깔려 버릴 것만 같습니다. 후닥닥 옆으로 도망친 아이들이 뒤돌아서서 쳐다봅니다. 고개를 뒤로 젖히고 까마득히 높은 달걀을 올려다봅니다.

피보가 다시 파란 키자르 샘물을 달걀에 뿌리자 달걀은 빠르게 줄어듭니다. 줄어들 때도 피보나치수열의 수처럼 규칙적으로 줄어듭니다.

피보가 달걀을 집어 입을 맞춥니다. 손에 든 줄자를 목에 걸고는 말합니다.

"애들아, 조금 전에 아주 재미있고 흥미로운 걸 발견했어."

"뭔데?"

아로가 묻습니다.

"이 달걀이야."

"난 또 뭐라고. 달걀이 무슨 흥미로운 발견이야?"

"달걀은 황금비로 되어 있거든. 조금 전에 줄자로 달걀의 가로와 세로 길이를 재 보았더니 딱 황금비로 되어 있어."

"정말?"

아로는 놀랍다는 표정입니다. 매일 달걀을 냠냠거리며 맛있게 먹기만 했지 그 안에 황금비라는 수학의 비밀이 숨어 있는 줄은 꿈에도 몰랐습니다.

피보가 다시 말합니다.

"이 달걀처럼 너희가 사는 이 농장과 농장 근처에는 황금비를 숨기고 있는 것들이 많아. 그것을 찾아내는 것이 오늘의 문제야. 자연의 동식물들이 숨기고 있는 황금비를 찾아내라! 이것이 황금비 나라로 가기 위한 넷째 날의 문제야."

아이들은 멀뚱멀뚱 자기들이 서 있는 주변을 둘러봅니다. 농장 곳곳에서 자라고 있는 풀과 나무와 꽃을 이리저리 둘러봅니다. 풀밭에서 뛰노는 염소와 양과 닭을 바라봅니다.

그 사이 피보는 초록색 키자르 샘물을 벌컥벌컥 마십니다. 순식간에 피보는 키가 30미터도 넘게 커집니다. 높은 나무에 앉아 있던 새들이 깜짝 놀라 달아납니다. 어마어마하게 커진 피보가 아이들을 내려다보며 말합니다.

"오늘의 문제를 풀어서 내일 정오까지 농장 북쪽의 진달래언덕으로 와! 그럼 난 이만."

피보는 쿵쿵거리며 걸어갑니다. 천천히 걷다가 뛰기 시작합니다. 순식간에 들판을 가로질러 들판 뒤의 산을 펄쩍 뛰어넘더니 사라집니다.

다로가 마로에게 말합니다.

"형, 어떻게 동물과 식물에서 황금비를 찾지?"

"나도 모르겠어. 일단 우리 주변에 있는 식물들을 먼저 살펴보자."

아이들은 허리를 숙이고 천천히 살펴보기 시작합니다. 그동안 자세히 관찰하지 않았던 들꽃과 풀과 나무를 손으로 만져 보고 냄새도 맡아 봅니다. 나뭇잎의 수도 세어 보고 가지 수도 세어 보고, 가지가 자라는 방향도 꼼꼼하게 살펴봅니다. 아로는 지난번에 세어 보았던 꽃잎 수가 생각납니다. 꽃잎 수가 대부분 피보나치수열의 수로 되어 있었습니다.

"어, 이것 봐. 꽃잎이 열세 장이야. 이건 무슨 꽃이지?"

아로는 새로 발견한 꽃을 오빠들에게 보여 줍니다. 마로와 다로가 쳐다봅니다.

그때 할아버지가 언덕 쪽으로 올라옵니다. 목에 수건을 걸고 천천히 걸어오고 있습니다.

"할아버지!"

아로가 큰 소리로 부르자 할아버지가 쳐다봅니다.

"할아버지, 잠깐만 여기로 와 보세요."

할아버지가 오자 아로는 발견한 꽃을 보여 줍니다.

"할아버지, 이건 무슨 꽃이에요?"

"음, 이거 금잔화구나. 참 예쁘지? 이 금잔화처럼 식물들은 아름답고 신비롭단다."

"뭐가 신비로워요?"

아로가 아리송한 표정을 지으며 금잔화를 쳐다보자 할아버지가 풀숲으로 갑니다. 처음 보는 낯선 식물을 뽑아 와 아이들에게 보여 줍니다.

"이 식물의 잎차례 좀 봐라. 식물의 줄기에서 잎이 나오는 차례를 잎차례라고 한단다. 모든 식물의 90퍼센트가 피보나치수열의 규칙에 따라 질서 있게 잎이 돋아난단다."

"정말이요?"

"이 가지와 잎들 좀 봐라. 겉보기엔 아무렇게나 가지를 뻗고 잎이 돋아난 것처럼 보이지만 사실은 그렇지 않단다. 처음 돋아난 아래쪽부터 잘 봐. 식물이 성장한 시간에 따라 이렇게 칸을 나누어 놓고 보면 어떤 규칙을 갖고 식물이 자랐는지 쉽게 알 수가 있어."

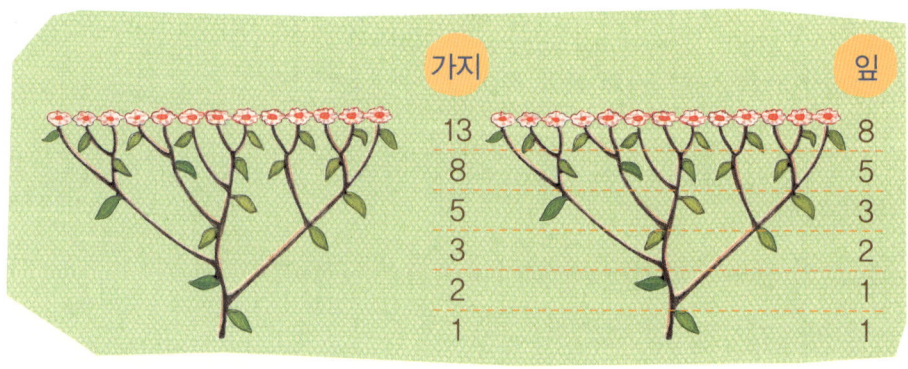

마로가 제일 아래쪽부터 위로 올라가면서 가지 수를 세어 봅니다. 다로는 잎의 수를 셉니다. 아로는 꽃잎 수를 셉니다. 가지 수도 잎의 수도 꽃잎 수도 모두 피보나치수열의 수로 되어 있습니다. 한 칸씩 올라가면서 가지와 잎의 개수 모두 일정한 규칙을 갖고 늘어나고 있습니다.

"히야! 할아버지, 정말 신기해요."

똥그래진 다로의 눈망울이 햇빛에 반짝 빛납니다.

"식물뿐만이 아니라 자연의 생물들은 자세히 관찰하지 않으면 자기가 간직한 비밀을 잘 보여 주지 않는단다. 자기한테 사랑과 관심을 갖고 열심히 관찰하고 탐구하는 사람에게만 자신의 비밀을 살짝 보여 준단다."

"애걔, 살짝요?"

아로가 입술을 삐쭉 내미는 시늉을 합니다.

"그래, 아주 살짝. 지금까지 인간이 자연에서 발견한 위대한 원리라는 것들은 사실 자연의 무수한 비밀 중 극히 일부분이란다. 자연은 아직도 수많은 비밀을 숨기고 있어."

"그럼 누군가가 그것을 찾아내야겠네요?"

"그렇지, 바로 그거야. 그런 멋지고 소중한 일을 하기 위해 수학도 배우고 과학도 배우고, 열심히 공부해서 박사도 되는 거란다."

할아버지는 다로와 아로의 머리를 쓰다듬고는 나무들이 모여 있는 곳으로 걸음을 옮깁니다. 아이들이 따라갑니다.

"이 너도밤나무를 보거라. 잎이 가지를 중심으로 둥글게 나선을 그리면서 차례대로 돋아났지? 이 너도밤나무처럼 뽕나무, 딸기나무, 개암나무는 한 바퀴 도는 동안 3장의 잎이 돋아난단다."

할아버지는 손으로 꼬불꼬불한 나선을 그리는 시늉을 합니다.

"벚나무, 참나무, 떡갈나무, 사과나무, 살구나무는 두 바퀴 도는 동안 5장의 잎이 돋아나고, 배나무, 버드나무, 포플러나무, 장미는 세 바퀴 도는 동안 8장의 잎이 돋아나. 그리고 갯버들과 아몬드는 다섯 바퀴 도는 동안 13장의 잎이 돋아난단다."

"정말이에요?"

"그래. 식물의 잎은 그냥 돋아나는 것이 아니라 피보나치수열의 규칙에 따라 질서 있게 돋아난단다. 피보나치수열에 들어 있는 황금비가 아름다움을 만드는 거야. 식물의 잎 한 장에도 수학의 오묘한 원리가 들어 있단다."

다로가 눈을 말똥거리며 말합니다.

"그럼 식물들은 수학을 엄청 잘하는 거네요. 피보나치수열도 황금비도 다 아니까요."

"그런 셈이지. 식물뿐만 아니라 자연은 그 자체로 위대한 수학 천재란다."

할아버지가 껄껄껄 웃습니다.

"할아버지, 그런데 식물들은 왜 그런 규칙에 따라 잎이 나는 거예요?"

할아버지는 잠시 말을 멈추더니 언덕 위로 올라갑니다. 언덕 아래에

서 있는 해바라기를 수직으로 내려다봅니다.

"자, 이리 와서 해바라기를 봐라."

아이들이 언덕 위로 올라갑니다. 아로가 오르다가 발이 쭉 미끄러지자 마로가 얼른 잡아 줍니다. 위에서 내려다보니까 해바라기 꼭대기의 꽃 몽우리가 한가운데 있습니다. 할아버지는 해바라기 잎들을 손가락으로 하나하나 가리키며 가장 최근에 돋아난 잎부터 순서대로 번호를 매깁니다.

"일, 이, 삼, 사, 오, 육, 칠, 팔, 구, 십, 십일, 십이, 십삼…."

아이들은 할아버지가 부른 순서대로 따라가며 잎을 하나하나 관찰합니다. 이상하게도 잎이 빙글빙글 돌아가면서 나 있습니다. 일정한 각도를 유지하며 둥글게 나선을 그리면서 차례차례 돋아나 있습니다.

"와, 신기하다. 애들아, 이 잎 좀 봐."

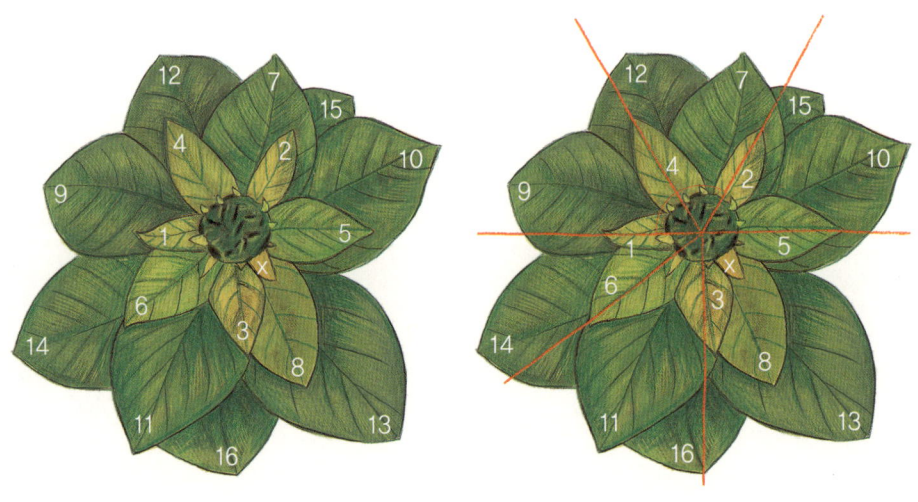

마로가 다로와 아로에게 말합니다. 아이들은 초롱초롱한 눈망울로 잎을 쳐다봅니다.

"할아버지, 잎이 왜 빙글빙글 돌아가면서 나 있는 거예요?"

"나중에 돋아난 잎이 먼저 돋아난 잎을 덜 가리기 위해서야. 대략 137도의 각을 유지하며 순서대로 돋아난단다. 그 각을 **황금각**이라고 해. 먼저 돋아난 잎들이 햇빛과 바람을 최대한 많이 받도록 나중에 돋아나는 잎들이 배려를 하는 거야. 잎들이 서로를 위해 규칙을 만들어 협동을 하는 셈이지."

"히야, 그럼 식물들도 협동심이 있는 거네요?"

"그런 셈이지. 많은 잎을 통해 햇빛을 최대로 받아야 잘 자랄 수 있다는 걸 식물 스스로가 알고 있는 거지."

"와! 식물들 정말 똑똑하다."

할아버지가 환하게 웃으며 마로를 쓰다듬습니다.

그때 나비 한 마리가 하늘하늘 날아와 다로의 머리 앞쪽에 앉습니다. 아로가 쉿, 하며 작게 말합니다.

"오빠, 움직이지 말고 가만히 있어."

아로가 살며시 다가가 나비를 바라봅니다. 다로도 자기 머리에 앉은 나비를 보고 싶습니다. 하지만 움직이면 날아갈까 봐 꼼짝 못 하고 있습니다. 아주 가까이 있는데 보지 못하니까, 어떻게 생긴 나비일지 자꾸만 궁금해집니다. 다로는 나비를 보려고 눈을 위로 치켜뜹니다. 그래도 보이지 않자 혀를 왼쪽 콧구멍 쪽으로 쭉 내밀면서 있는 힘껏 눈을 더 치켜뜹니다. 그 모습을 보고 아로가 배꼽을 잡고 웃습니다.

"쉿!"

마로가 얼른 손가락을 입술에 댑니다. 아로가 손으로 입을 틀어막고 킥킥거립니다.

할아버지가 나비를 가리키며 나비 몸을 이루고 있는 황금비에 대해 알려 줍니다.

"여기 봐라. 나비 몸 곳곳에도 황금비가 숨겨져 있단다. 나비의 전체 길이는 머리에 의해 황금비로 나누어져. 그리고 머리를 제외한 나머지 몸통 부분은 가슴과 배로 나누어지는데 그것도 황금비를 이룬단다. 또한 위쪽 날개와 아래쪽 날개가 접히는 부분에서 황금비로 나누어지지."

"할아버지, 그럼 나비처럼 다른 곤충들의 몸에도 황금비가 숨어 있어요?"

"물론이지. 벌, 개미, 매미 같은 곤충들에게서도 황금비가 발견돼. 꿀벌의 머리에서 가슴까지의 길이는 나머지 배 부분의 길이와 황금비를 이룬단다. 곤충뿐만 아니라 동물들 몸에는 황금비가 많이 숨겨져 있어."

할아버지는 다시 농장 울타리 안으로 들어갑니다. 닭들을 모아 아래쪽으로 내려갑니다.

할아버지가 돌아간 후에도 아이들은 한참 동안 풀숲을 돌아다니며 식물과 곤충을 관찰합니다.

"형, 참 신기해. 어떻게 식물과 곤충에게도 황금비가 들어 있지?"

마로와 아로도 신기하기는 마찬가지입니다. 황금비에 대해 알면 알수록 점점 궁금한 것이 많아집니다.

"다로야, 조금 전에 할아버지가 동물의 몸에도 황금비가 많이 숨겨져 있다고 했잖아. 그럼 사람도 동물이니까 우리 몸에도 황금비가 숨겨져 있겠다. 그치?"

"맞아, 형! 우리 집에 가서 재 보자."

풀숲에서 놀던 아이들이 울타리로 걸어옵니다. 손에 여러 가지 풀과 꽃과 곤충이 들려 있습니다. 울타리 안으로 들어가 집을 향해 갑니다.

고개를 숙이고 땅을 보며 걷던 다로가 갑자기 혼잣말을 합니다.

"아, 갖고 싶다. 정말 갖고 싶다."

다로가 계속 중얼거리자 아로가 묻습니다.

"오빠, 뭘?"

걸어가는 내내 다로는 키자르 샘물만 생각하고 있습니다. 그런 신기한 샘물이 있으면 정말 좋겠다는 생각이 듭니다. 키자르 샘물을 여기저기 뿌려서 지금과는 완전히 다른 세상을 만드는 상상을 합니다. 개미는 초록 샘물을 발라 황소보다 크게 만들고, 코끼리는 파란 샘물을 발라 개미보다 작게 만들어 보고 싶습니다. 나팔꽃은 구름 높이까지 자라게 하고, 다로가 좋아하는 딸기는 축구공보다 크게 만들고 싶습니다. 다로는 키가 5000미터쯤 되는 어마어마하게 큰 거인이 되어 바다를 걸어서 건너고 싶습니다.

아로도 키자르 샘물을 생각하고 있습니다. 뚜벅뚜벅 걸으며 작은 빵에 초록 샘물을 발라 산보다 크게 만들면 어떤 일이 벌어질까 상상합니다. 빵 하나로 배고픈 아프리카 아이들 수백 명이 다 함께 나누어 먹을 수 있을 겁니다. 빵을 말려서 벽돌처럼 자르면 빵성도 지을 수 있을 겁니다. 성문 앞엔 눈사람처럼 생긴 빵사람을 세워 놓을 겁니다. 그렇게 성을 만들고 남은 빵은 들에 사는 생쥐와 곤충, 그리고 산에 사는 새와 짐승에게 모두 나누어 줄 겁니다. 그런 상상을 하자 아로는 기분이 좋아집니다.

아로가 걸음을 멈추며 묻습니다.

"큰오빠, 오빤 키자르 샘물이 있다면 그걸로 뭘 하고 싶어?"

마로도 걸음을 멈춥니다. 잠시 하늘을 바라봅니다. 하늘 뒤의 우주를 바라보며 생각에 잠깁니다.

누군가 우주에 초록 키자르 샘물을 떨어뜨려 작았던 우주가 계속 커

지고 있는 게 아닌가 하는 생각이 듭니다. 어느 과학책에서 읽었던 빅뱅이론이 생각납니다. 콩알만 하던 우주가 펑, 터져 지금까지 계속 우주가 확장되고 있다는 과학 이론입니다.

　마로는 눈을 돌려 울타리를 따라 늘어선 나무들을 쳐다봅니다. 아주 작았던 나무들이 저렇게 큰 것이 신기하게만 느껴집니다. 누군가 아무도 모르게 작은 나무들에게 초록 키자르 샘물을 떨어뜨려 나무들이 커지고 있는 것 같습니다.

　그런 상상을 하자 마로는 자기 주위의 세상이 온통 마법 세상인 것만 같습니다. 여기저기 피어 있는 꽃들, 풀들, 나무들, 바람소리, 새소리 등등 신기하지 않은 것이 하나도 없습니다.

마로 옆에 말없이 서 있던 다로가 갑자기 킥킥거립니다. 아로가 이상한 듯 쳐다봅니다.

"작은오빠, 왜 그래?"

"어, 아무것도 아냐."

사실 다로는 방금 전 개구쟁이 친구 명대를 생각했습니다. 별명이 명태인 명대의 웃긴 모습을 상상하고 있었습니다. 명대가 잠든 사이에 몰래 명대의 고추에 초록 키자르 샘물을 바르는 상상을 한 것입니다. 잠에서 깬 명대가 수박만큼 커진 자기 고추를 보고 놀랄 상상을 하고는 키득키득 웃은 것입니다.

다로가 계속 킥킥거리자 아로가 또 묻습니다.

"오빠, 도대체 왜 그러냐니까!"

다로가 킥킥거리며 달리기 시작합니다. 아로도 뒤따라 달립니다. 맨드라미가 줄 지어 핀 울타리에서 염소들이 쳐다봅니다. 염소들의 눈동자는 직사각형 모양입니다.

젖을 먹던 아기 염소가 엄마 염소에게 묻습니다.

"엄마, 쟤네들 왜 저렇게 뛰어?"

"글쎄다. 저러다 엎어지면 코 깨질 텐데. 아가, 넌 쟤네들 신경 쓰지 말고 젖이나 많이 먹으렴."

다로가 내리막을 빠르게 내달립니다.

"오빠, 좀 천천히 달려!"

대문 앞에 도착한 다로가 숨을 헐떡거립니다. 뒤따라온 아로와 마로도 헐떡거립니다.

주방 창문으로 엄마가 쳐다봅니다. 현관으로 들어서자마자 아이들은 옷을 벗고 욕실로 들어갑니다. 다로랑 마로가 먼저 들어갑니다. 할아버지는 먼저 들어와 거실에서 쉬고 있습니다. 욕실에서 물소리가 들립니다. 깔깔깔 떠드는 소리도 계속 들립니다.

잠시 후 먼저 씻은 다로가 팬티 차림으로 거실로 나옵니다. 뒤이어 마로가 나오자 아로가 욕실로 들어갑니다. 다로는 창가로 가서 젖은 머리를 수건으로 텁니다. 물방울들이 마구 튀면서 작은 무지개가 만들어집니다.

그 사이 마로는 방으로 갑니다. 줄자를 들고 나와 다로에게 다가갑니다. 줄자를 길게 뽑아 다로의 몸에 댑니다.

"야! 가만히 좀 있어."

마로는 다로의 키와 팔 길이, 다리 길이 등을 재어 그 비율을 따져 보려 합니다. 다로의 몸에 숨어 있는 황금비를 찾아 보려는 것입니다. 다로의 팔 길이를 재려고 줄자를 쥔 마로의 손이 다로의 겨드랑이에 닿자, 다로가 팔을 구부리며 킥킥거립니다. 다로가 자꾸 딴짓을 하자 마로가 짜증을 냅니다.

"야, 가만히 좀 있으라니까!"

"형! 크크, 간지러워 죽겠어."

소파에 앉아 아이들을 지켜보던 할아버지가 웃습니다.

"애들아, 아름다운 사람의 몸은 배꼽을 기준으로 상체와 하체의 길이의 비가 황금비를 이룬단다."

"할아버지, 그럼 사람 몸에서 상체와 하체를 황금분할 하는 점은 배꼽이네요. 여기요, 여기!"

마로가 다로의 배꼽에 손가락을 꽂습니다. 다로가 잽싸게 엉덩이를 빼며 뒤로 물러섭니다. 다로랑 마로가 거실을 뛰어다니며 계속 장난을 칩니다.

"그만 좀 뛰렴. 한 가지 더 알려 줄까? 사람 머리끝에서 목까지의 길이와 목에서 배꼽까지의 길이의 비도 황금비로 되어 있단다."

"정말요?"

마로가 멈추어 섭니다.

"그래. 발바닥에서 무릎까지의 길이와 무릎에서 배꼽까지의 길이의 비도 황금비로 되어 있고, 목에서 코끝까지의 길이와 코끝에서 머리끝까지의 길이의 비도 황금비로 되어 있어. 재 봐."

마로가 얼른 줄자를 자기 얼굴에 갖다 댑니다. 줄자의 눈금을 읽고 계산을 하더니 할아버지를 쳐다봅

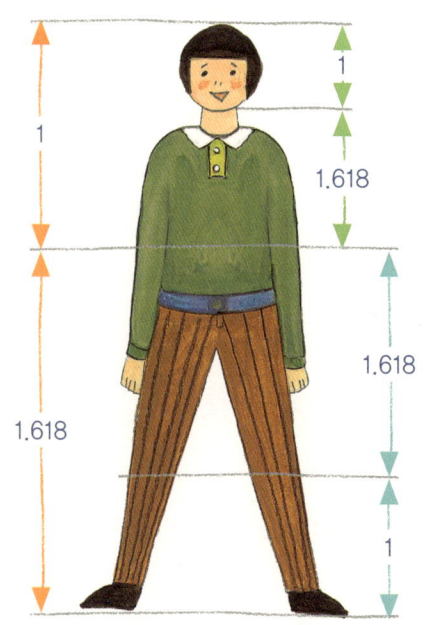

니다.

"맞아요. 정말 황금비가 나와요."

"형, 정말이야?"

"그럼 이번에는 팔을 재 보거라."

아로가 젖은 머리를 수건으로 비비며 욕실에서 나옵니다.

"형, 이렇게 쭉 펴 봐."

마로가 팔을 펴자 다로가 줄자를 갖다 대고 팔 길이를 잽니다. 손끝에서 손목까지의 길이와 손목 관절에서 팔꿈치 관절까지의 길이를 재 비교해 봅니다. 황금비가 나옵니다.

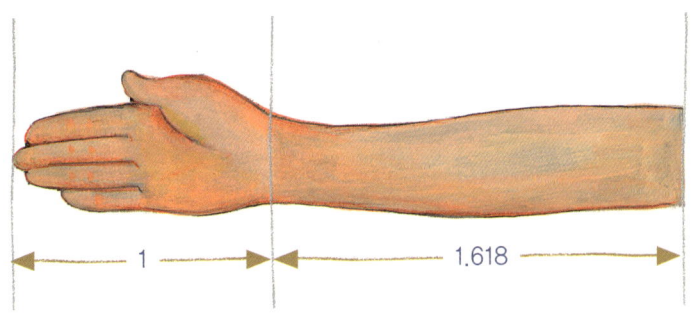

팔을 잰 다음 손가락 마디 사이의 길이도 재 봅니다. 신기하게도 손가락 마디와 마디 사이의 길이가 모두 황금비로 되어 있습니다. 손가락을 오므려 주먹을 쥐었을 때 생긴 사각형도 황금비로 된 황금사각형입니다.

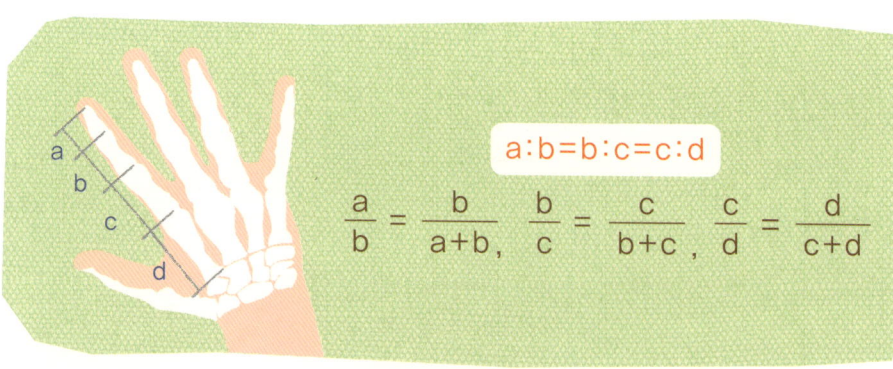

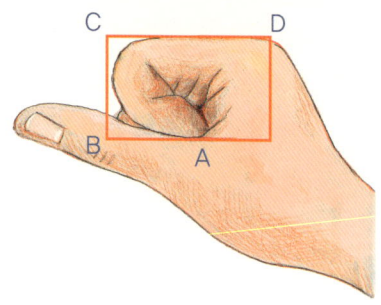

아로의 젖은 등을 수건으로 닦아 주며 할아버지가 말합니다.

"사람의 얼굴은 인종, 민족, 성별, 연령에 따라 그 생김새와 모양이 매우 다양하단다. 하지만 아름답다고 느끼는 얼굴에는 공통점이 있어. 그건 바로 황금비야. 보통 미인들의 얼굴을 달걀형이라고 하지?"

달걀이라는 말을 듣자 아로는 피보가 떠오릅니다. 낮에 피보가 달걀의 가로와 세로 길이가 황금비로 되어 있다고 말한 게 생각납니다.

"할아버지, 달걀은 황금비로 되어 있어요."

"오, 우리 아로가 그런 것도 다 알아? 어이구, 기특하기도 하지."

"헤헤, 뭘요."

"그래. 달걀형 얼굴 둘레에 직사각형을 그려 보면 가로와 세로의 비가 황금비로 되어 있다는 걸 알 수 있어. 그러니까 미인의 얼굴은 황금사각형 모양인 게지."

"할아버지, 그 예쁜 황금사각형 여기 있어요. 실컷 보세요."

아로가 두 손으로 얼굴을 받쳐 들고 할아버지를 쳐다봅니다.

"우웩!"

다로가 윗도리를 걸치다 말고 아로를 쳐다봅니다. 할아버지가 웃으며 다로의 등에 낀 옷을 빼 줍니다. 할아버지는 조금 더 자세히 설명을 합니다.

"여기 이 여자 얼굴 그림을 봐라. 이 입을 지나가는 가로 선에서 코를 지나는 가로 선까지의 길이 b와 코를 지나가는 가로 선에서 눈의 중심을 지나는 가로 선까지의 길이 a의 비(b:a)도 황금비로 되어 있어. 코에서 입까지의 길이 b와 입에서 턱 끝까지의 길이 c의 비(b:c)도 거의 황금비가 나와. 그리고 얼굴 둘레 직사각형의 가로 길이와 두 눈의 양 끝 사이의 길이의 비도 황금비가 나오고, 입술의 가로 길이와 두 눈의 안쪽과 안쪽 사이의 길이의 비도 황금비와 거의 비슷해."

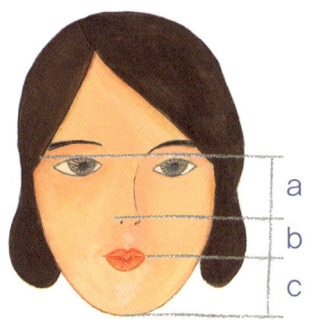

아이들은 옷을 입으며 할아버지의 설명을 듣습니다.

"예술가들은 오랜 옛날부터 아름다운 인체에 숨어 있는 황금비를 이용하여 조각품을 만들었단다."

조각품이라는 말을 듣자 아로는 그림책에서 본 비너스 조각상이 떠오릅니다.

"할아버지, 그럼 비너스도 황금비로 되어 있어요?"

"그렇지. 황금비가 잘 표현된 대표적인 조각품이 바로 밀로의 비너스 상이란다. 비너스 상은 밑받침을 제외한 전체 높이가 약 209센티미터이고 머리는 약 26센티미터로, 거의 8등신의 모습을 하고 있어."

아로는 할아버지한테 비너스 이야기를 한 것이 무척 뿌듯합니다.

"비너스 상은 신체 여러 곳들이 피보나치수열의 수인 5:8로 되어 있단다. 그래서 전체적으로 안정감을 주고 아름답게 보이는 거지. 비너스 상이 위대하고 완벽한 예술품으로 인정받는 이유는 그 속에 완벽한 황금분할이라는 수학 원리가 들어 있기 때문이야."

할아버지는 밀로의 비너스 상이 만들어졌던 고대 그리스에 대해 이야기합니다. 수학뿐 아니라 전쟁과 역사, 그리스 신들에 대해서도 재미있게 이야기합니다.

아이들은 눈을 말똥거리며 할아버지 이야기에 귀를 기울입니다. 그 사이 엄마가 큰 접시를 들고 거실로 옵니다. 접시엔 맛있게 썰어진 토마토가 가득합니다.

"와, 토마토다!"

아로가 제일 좋아합니다. 아이들은 토마토를 맛있게 먹고 할아버지 서재로 갑니다.

넷째 날
마로의 황금비 일기

식물에 숨어 있는 피보나치수열과 황금비

황금비는 식물들의 잎차례나 가지 수에만 나타는 것이 아니라 씨앗의 배열에도 나타난다. 해바라기 씨앗이 배열된 모습을 자세히 살펴보면 두 개의 엇갈린 나선을 따라 씨앗이 배열된 것을 알 수 있다. 오른쪽 나선은 21개, 왼쪽 나선은 34개로 되어 있다. 어떤 것은 34개, 55개로 되어 있고, 어떤 것은 55개, 89개로 되어 있다. 나선 개수가 피보나치수열의 두 수로 되어 있어 황금비를 이룬다.

해바라기만 그런 것이 아니다. 데이지꽃은 두 방향의 나선이 각각 34개, 55개로 되어 있고, 솔방울은 오른쪽 나선이 8개, 왼쪽 나선이 13개로 되어 있어 피보나치수열의 황금비를 이룬다.

그럼 식물들은 왜 피보나치수열이 갖는 황금비의 규칙에 따라 씨앗이나 무늬를 배치하는 걸까? 피보나치수열의 규칙에 따라 배열하면 최소의 공간에 최대한 많은 씨앗이나 무늬를 빈틈없이 촘촘하게 배치할 수 있기 때문이다.

동물에 숨어 있는 피보나치수열과 황금비

식물뿐만 아니라 수많은 동물들의 몸에서도 황금비를 발견할 수 있다. 아래 그림은 앵무조개를 수직으로 잘라 그 단면을 관찰한 것이다. 앵무조개의 단면은 황금나선으로 되어 있다.

황금나선은 피보나치수열이 갖는 황금비에 의해 만들어지는 것으로 앵무조개뿐 아니라 소라, 고둥, 달팽이, 산양의 뿔, 아프리카 초원의 가젤영양에게서도 나타난다.

이처럼 황금비는 동물의 세계에도 다양하게 숨겨져 있다. 꿀벌 집단에서 수벌의 수로 암벌의 수를 나눈 수도 황금비를 나타내고, 바다에 사는 물고기 배스나 별 모양의 불가사리의 몸에서도 황금비가 나타난다.

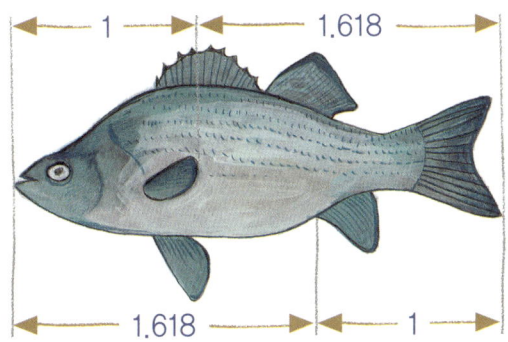

잠이 오지 않는 밤

마지막 날

농장 북쪽의 진달래언덕입니다. 언덕 전체가 분홍색 물감을 칠해 놓은 것 같습니다. 나비와 벌 들이 이 꽃 저 꽃 날아다니며 쪽쪽 꿀을 빨아 먹고 있습니다. 바람이 불자 진달래 향기가 언덕 아래까지 진하게 퍼집니다.

"아, 참 좋다."

언덕으로 올라가던 아로가 잠시 걸음을 멈추고 꽃향기를 맡습니다. 살며시 눈을 감고 숨을 깊게 들이마십니다.

"안 가고 뭐 해?"

뒤에서 올라오던 다로가 투덜거립니다. 아로는 계속 꽃향기를 맡습니다. 다로가 아로를 앞질러 먼저 언덕으로 올라갑니다.

"형. 저기 봐, 저기!"

진달래언덕 왼편에 커다란 사과나무가 한 그루 있습니다. 나무 밑에서 피보가 그림을 그리고 있습니다. 자기 키 높이쯤 되는 이젤을 세워 놓고 무언가를 그리고 있습니다.

"어서 가 보자."

다로랑 마로가 뛰어갑니다. 아로도 뒤따라 쫓아갑니다.

"피보, 잘 있었어?"

다로가 다가가 그림을 바라봅니다. 활짝 핀 진달래꽃들이 멋지게 그려져 있습니다. 언덕에서 바라본 들판과 산도 그려져 있습니다. 산 아래쪽에 옹기종기 모여 있는 집들도 있고 논도 논길도 있습니다.

아이들이 그림을 보는 동안 피보는 악기를 꺼냅니다. 사람의 발을 닮은 재미있게 생긴 작은 나무 악기입니다. 피보가 발가락 쪽에 입을 대고 불자 아름다운 소리가 납니다. 감미로운 소리가 강물처럼 언덕을 따라 잔잔히 퍼져 나갑니다.

"소리 참 좋다. 무슨 악기야?"

그림을 바라보던 아로가 작은 목소리로 묻습니다.

"동물들과 이야기를 하고 싶을 때 부는 악기야. 황금비나라 아이들이 음악 시간에 부는 목관악기인데, 랑곳이라고 해. 이 랑곳을 불면 동물들이 응답해. 랑곳 소리는 동물들의 마음을 편안하게 해 주거든."

"정말?"

아로가 신기한 듯 랑곳을 만져 봅니다.

"너도 불어 봐."

아로는 랑곳을 받아 불어 봅니다. 진달래언덕 아래 염소들이 놀고 있는 농장 쪽을 향해 붑니다.

악기 소리가 은은하게 울려 퍼지자 염소들의 울음소리가 들려옵니다. 아로가 불다 멈추면 염소들도 울음을 멈춥니다. 아로는 신기하기만 합니다. 황금비나라에 가면 정말 신 나고 재미있는 일들이 매일매일 벌어질 것 같습니다.

"참, 너희에게 보여 줄 그림이 있어."

피보는 바닥에 놓인 가방에서 종이를 꺼냅니다. 종이에는 진달래도 산도 집도 그려져 있지 않습니다. 온통 사각형, 삼각형, 마름모, 원 같은 도형들만 뒤섞여 그려져 있습니다. 도형이 겹쳐지는 곳마다 색이

다르게 칠해져 있습니다.

"피보, 무슨 그림이 이래?"

다로가 얼굴을 찌푸리며 그림을 쳐다봅니다.

"황금비를 이용해서 그린 추상화야."

"추상화?"

"그림 속의 삼각형, 사각형 같은 도형들은 모두 황금비로 되어 있어."

"잠깐만, 어디 봐."

마로가 그림을 다시 바라봅니다. 사각형의 가로, 세로 길이를 비교해 봅니다. 마름모의 두 대각선 길이도 비교해 봅니다. 삼각형의 밑변과 빗변의 길이를 비교해 봅니다. 정말 모두 황금비로 되어 있습니다.

"그런데 피보. 이 그림을 왜 우리한테 보여 주는 거야?"

"오늘의 문제니까!"

"뭐라고? 그게 무슨 말이야?"

"이 그림 속에 숨은 황금비를 찾아내는 것처럼 미술과 음악에 숨어 있는 황금비를 찾아내라! 이것이 황금비나라로 가기 위한 마지막 날의 문제야."

"미술과 음악에 숨어 있는 황금비를 찾아내라고?"

아이들은 당황스러운 표정으로 서로를 쳐다봅니다. 다로와 아로는 아무 말도 하지 못하고 멍하니 서 있습니다.

"내 말 알아들었지? 문제를 해결해서 내일 정오에 우리가 처음 만났던 민들레언덕으로 와. 내일 올 때는 지금까지 쓴 황금비 일기도 꼭

가져와. 내일 정오에 황금비나라로 떠날 거야."

피보는 이젤을 접습니다. 그림 도구들을 챙겨 언덕 반대편으로 걸어갑니다. 랑곳을 불며 천천히 걸어갑니다. 피보가 걸을 때마다 사방에서 새소리와 풀벌레 소리가 들려옵니다.

피보가 떠나자 아로가 마로를 쳐다봅니다.

"큰오빠, 이제 어떡해?"

마로는 말없이 손에 쥔 피보의 추상화 그림만 쳐다봅니다. 다로가 추상화 그림을 구겨 버리며 투덜거립니다.

"형, 어떻게 미술과 음악에 들어 있는 황금비를 찾아? 그건 정말 너무 어려워. 이제 우리 황금비나라에 가기는 다 틀렸어!"

"얘들아, 안 되겠다. 할아버지한테 가서 도와 달라고 하자."

아로가 고개를 끄덕입니다.

"작은오빠, 그만 가자."

아이들은 시무룩한 표정으로 진달래언덕을 내려옵니다. 농장 위를 날던 새들이 떼를 지어 피보가 걸어간 방향으로 날아가고 있습니다. 아로가 걸음을 멈춥니다. 고개를 들어 새들을 바라봅니다. 누군가 공중에 뿌려 놓은 까만 쌀알처럼 새들은 모였다 흩어지고, 흩어졌다 다시 모입니다. 그러면서 점점 더 멀리 날아갑니다.

"아로야, 뭐 해?"

앞서가던 마로가 뒤를 돌아보며 부릅니다. 아로는 계속 멍하니 서서 하늘을 바라봅니다.

"빨리 와. 집에 안 갈 거야?"

아로가 오빠들이 있는 곳으로 뛰어갑니다.

작은 언덕을 돌자 농장 울타리가 보이고, 울타리 저편 아래쪽에 집이 보입니다. 집 앞의 작은 텃밭에서 엄마가 상추랑 시금치를 다듬고 있습니다.

"엄마!"

아이들이 비탈을 뛰어 내려옵니다. 엄마가 소리 나는 곳으로 눈을 돌립니다.

"엄마, 할아버지 어디 계셔?"

다로가 숨을 몰아쉬며 묻습니다.

"좀 전에 들어오셨으니까 안에 계시겠지."

아이들이 거실로 들어섭니다. 할아버지는 베란다에서 화분에 물을 주고 있습니다. 베란다에는 할아버지가 좋아하는 여러 종류의 난이 있고 선인장도 있습니다. 꽃을 피운 것도 여럿이어서 향기가 아주 진하게 납니다.

마로가 피보의 추상화 그림을 꺼내 보여 줍니다.

"이게 뭐냐?"

할아버지는 종이에 그려진 그림을 자세히 봅니다. 그림을 왼쪽 오른쪽으로 돌려 가며 바라봅니다. 거꾸로도 돌려 다시 봅니다.

"음, 이 그림 꼭 칸딘스키나 몬드리안이 그린 추상화 같구나. 아주 비슷해."

"누구요?"

"칸딘스키(1866~1944년)는 러시아 출신의 프랑스 화가이고, 몬드리안(1872~1944년)은 네덜란드 화가란다. 둘 다 대단한 예술가들이지."

"그런데 할아버지, 미술이나 음악 같은 예술 작품 속에도 황금비가 들어 있어요?"

"물론이지. 그건 왜?"

"그냥 궁금해서요. 좀 자세히 알려 주세요."

할아버지는 화분에 물을 다 주고는 거실로 들어옵니다. 서재로 가서 화집 몇 권을 꺼내 옵니다. 책이 엄청 크고 무겁습니다.

할아버지가 책장을 넘기며 말합니다.

"마로야, 레오나르도 다 빈치(1452~1519년) 알지?"

"네, 알아요."

대답은 그렇게 했지만 정작 마로가 레오나르도 다 빈치에 대해 아는 것은 별로 없습니다. 위대한 천재 과학자였고 그림도 잘 그렸다는 정도입니다.

"예술 작품 속에 황금비를 잘 담아 낸 사람 중 한 명이 바로 레오나르도 다 빈치란다. 그의 대표 작품인 '모나리자'나 '최후의 만찬'에는 황금비가 아주 정교하게 숨겨져 있단다. 여기 리자 아줌마 얼굴 좀 봐라."

"리자 아줌마요?"

"모나리자 말이다. 모나는 우리말로 아주머니라는 뜻이고, 리자는 사람 이름이란다."

마로는 할아버지가 가리키는 리자 아줌마의 얼굴을 유심히 쳐다봅니다. 할아버지가 손가락으로 그리는 직사각형을 쳐다봅니다. 자세히 보니 가로, 세로의 길이가 황금비를 이루는 황금사각형입니다.

"와! 그럼 리자 아줌마 얼굴에 황금비가 들어 있는 거네요."

할아버지가 고개를 끄덕입니다.

"모나리자의 얼굴은 가로, 세로의 길이가 황금비로 되어 있어. 게다가 이마에서 눈까지의 길이와 눈에서 턱까지의 길이도 황금비를 이룬단다."

할아버지는 모나리자에 관한 재미있는 이야기도 해 줍니다.

"레오나르도 다 빈치가 살던 당시 이탈리아의 피렌체에 조콘다라는 큰 부자가 살았단다. 하루는 조콘다가 레오나르도에게 자기 아내 초상화를 그려 달라고 부탁했어. 그래서 그리게 된 그림이 바로 모나리자야. 그런데 모나리자라는 이 여인은 실제로도 아주 매력적이고 우아한 사람이었어. 그래서 레오나르도는 이 여인을 볼

▲ 모나리자

때마다 어머니의 모습을 떠올렸단다."

"자기 엄마의 모습을요?"

"그래. 그래서 온 정성을 다해 그림을 그렸단다. 그림 속에 온화한 미소가 담긴 건 그래서야. 레오나르도가 모나리자를 그리는 데에는 무려 4년이나 걸렸단다. 그런데도 완성을 하지 못했어."

"왜요?"

"눈썹을 그리지 못했거든. 레오나르도는 결국 이 그림을 조콘다에게 건네지 못하고 죽을 때까지 보관했단다. 그래서 사람들은 레오나르도 다 빈치가 모나리자 그림을 너무 사랑한 나머지 조콘다에게 주지 않기 위해 일부러 눈썹을 그리지 않은 것이라고 말하곤 한단다."

할아버지는 책장을 몇 장 넘기더니 다른 그림도 보여 줍니다.

"이 그림을 보면 레오나르도 다 빈치가 그림을 그릴 때 얼마나 정교하게 수학적 계산을 했는지 알 수 있단다."

할아버지가 보여 준 그림엔 벌거벗은 사람이 두 팔을 벌리고 서 있습니다.

"레오나르도 다 빈치가 펜과 잉크로 그린 '비트루비우스의 인체 비례'라는 작품이란다. 인체의 완벽한 균형과 조화가 잘 표현되어 있지. 자세히 봐."

마로는 눈을 가까이 대고 인체 비례 그림을 자세히 관찰합니다. 배꼽을 중심으로 위로 벌린 두 팔과 아래로 벌린 두 다리의 끝점을 둥글게 연결하니까 원이 됩니다. 다시 두 다리를 모으고 두 팔을 몸통에서 직각으로 벌리고 연결하면 정사각형이 됩니다. 손목에서 팔꿈치까지의 길이, 팔꿈치에서 겨드랑이까지의 길이 등이 아주 자세한 비율로 기록되어 있습니다.

"이 밖에도 레오나르도 다 빈치의 그림 속에는 수많은 황금비가 들어 있단다. '모나리자'뿐만 아니라 '최후의 만찬'도 마찬가지지. 그리고 레오나르도 다 빈치 말고도 황금비를 이용해 예술 작품을 만든 화가들은 많단다."

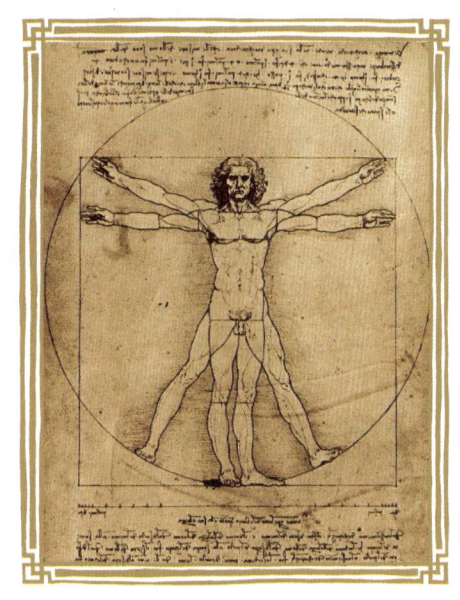

▲ 비트루비우스의 인체 비례

"누구요? 또 누가 있어요?"

"보티첼리, 미켈란젤로, 쇠라, 몬드리안 등이 대표적인 화가야. 여기 이 그림을 봐라."

할아버지는 벌거벗은 여자가 서 있는 그림을 가리킵니다.

"이건 무슨 그림이에요?"

"이탈리아 화가 보티첼리(1445~1510년)가 그린 건데, 그리스 신화에 나오는 미의 여신 비너스의 탄생을 묘사한 거란다."

마로는 그리스 신화 이야기를 재미있게 읽었던 기억이 납니다. 자기가 아는 게 나오자 마로의 눈망울이 반짝입니다.

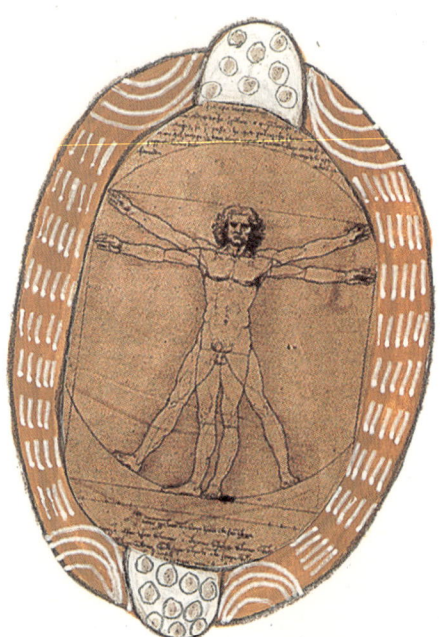

"할아버지, 비너스는 파도의 거품 속에서 태어났어요. 그래서 그림 속에 파도와 조개가 나오는 거예요?"

마로의 말에 할아버지가 깜짝 놀라는 표정입니다.

"그래. 여신 비너스가 조개를 타고 해안에 막 도착한 순간을 그린 거란다. 여기 봐라."

할아버지는 그림의 오른쪽 부분을 가리킵니다.

"여기 이 풍풍한 사람은 과일나무 요정이란다. 벌거벗은 채 뭍에 막 발을 내딛으려는 비너스를 요정이 망토를 들고 와서 기쁘게 환영하는 거란다."

할아버지는 다시 그림의 왼쪽 부분을 가리킵니다.

"이건 바람의 신 제페로스가 공중에서 비너스를 향해 힘껏 입김을 불어넣는 모습이야. 제페로스를 안고 있는 이 여자는 꽃의 여신 플로라야. 플로라가 입김을 불어서 사방에 아름답고 향기로운 꽃들을 피어나게 하고 있지. 제페로스와 플로라는 부부인데, 갓 태어난 비너스를 위해 생명의 숨결을 불어넣고 아름다운 꽃들을 선물하는 장면이란다."

마로가 고개를 끄덕입니다.

"이 그림은 미술사를 통틀어 가장 아름답고 우아한 그림 중 하나로 손꼽힌단다. 부드럽고 우아하게 보이지만 사실은 아주 정교한 수학적 계산이 들어 있는 그림이지."

▲ 비너스의 탄생

"수학적 계산이요?"
"이 그림 전체를 보면 가로, 세로의 길이가 황금비로 되어 있단다. 비너스의 몸도 황금비에 따라 그려져 있고."
마로는 다시 한 번 그림을 자세히 봅니다.
"보티첼리가 살던 당시 르네상스 시대의 화가들은 대부분 황금비를 그림에 적용시켜 작업을 했단다."
할아버지는 화집을 몇 장 더 넘깁니다. 피보가 보여 준 추상화 그림과 비슷한 그림들이 나옵니다.
"어? 할아버지, 이건 누가 그린 거예요?"

"아까 말한 몬드리안의 작품이란다. 왼쪽 그림은 '타블로'고, 오른쪽 그림은 '빨강, 노랑, 파랑, 검정에 의한 구성'이라는 작품이야. 이 그림들도 모두 황금비에 따라 만들어졌단다."

"어디요? 어디가 황금비로 되어 있어요?"

"네가 직접 찾아 봐라."

마로는 그림을 자세히 쳐다봅니다. 할아버지처럼 그림을 빙빙 돌려 가면서 쳐다봅니다. 90도, 180도, 270도, 360도로 돌려 가면서 쳐다봅니다. 시계 방향으로 돌리고 시계 반대 방향으로도 돌리면서 쳐다봅니다. 가까이에서 쳐다보고 멀리 떨어져서도 쳐다봅니다. 거리와 방향을 다르게 할 때마다 그림이 다르게 보입니다. 그림 속의 직선과 도형

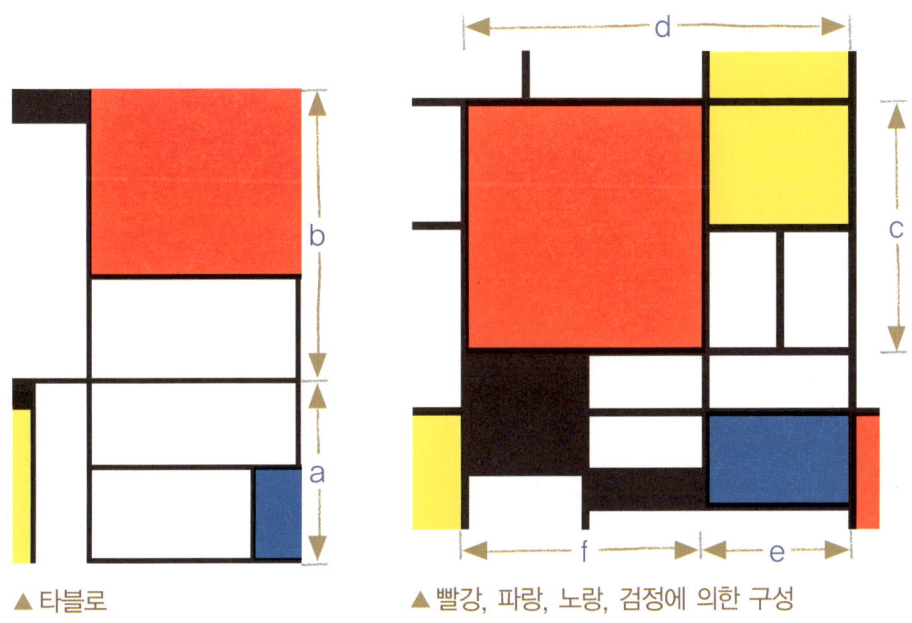

▲ 타블로   ▲ 빨강, 파랑, 노랑, 검정에 의한 구성

들을 비교해 가면서 자세히 살펴봅니다. 한참을 쳐다보던 마로는 무언가를 발견한 눈치입니다.

"아 할아버지, 여기요. 여기 보세요. 아래쪽 a의 길이와 위쪽 b의 길이가 황금비를 이루어요. 그리고 여기도 그래요. c의 길이와 d의 길이도 황금비를 이루고 e의 길이와 f의 길이도 황금비예요!"

마로는 아무렇게나 그려 놓은 것 같았던 몬드리안의 추상화 속에 황금사각형들이 정교하게 숨겨져 있다는 것이 놀라우면서도 신기합니다. 그림 속에서 황금비를 찾아내는 일이 보물찾기를 하는 것 같아 무척 재미있습니다.

"할아버지, 재밌어요. 또 다른 그림 보여 주세요."

할아버지가 껄껄껄 웃습니다.

"황금비는 미술 작품에만 있는 게 아니라 건축물에도 많이 들어 있단다."

할아버지는 화집을 덮고 피라미드 이야기를 합니다. 고대 이집트 시대에 대해 말합니다. 고대 이집트 왕의 무덤인 피라미드를 건설하는 이야기도 해 주고 이집트를 지배하던 신들의 이야기도 해 줍니다. 마로는 가만히 귀를 기울이고 듣습니다.

그 사이 다로와 아로는 악기 연주 연습을 합니다. 다로는 피아노를 치고 아로는 바이올린을 켜고 있습니다. 이번 주말에 엄마가 다니는 교회에서 가족음악회가 있습니다. 그때 발표할 곡을 미리 연습하는 겁니다.

할아버지가 마로에게 말합니다.

"너도 연습해야지? 피라미드에 관한 이야기는 다음에 또 해 주마."

마로가 소파에서 일어나 동생들이 있는 곳으로 갑니다. 마로는 바이올린을 배운 지 오래되어서 연주를 제법 잘합니다. 하지만 아로는 자꾸 틀립니다. 박자도 틀리고 소리도 이상하게 납니다. 다로의 피아노 소리도 엉터리이긴 마찬가지입니다.

악보를 보며 연주를 하던 아로가 자꾸만 틀리자 입술을 비쭉 내밀고 투덜거립니다.

"작은오빠, 나 이거 너무 어려워."

"그래. 솔직히 나도 이거 어려워."

마로가 아로와 다로를 빤히 쳐다봅니다.

"야! 너희는 연습도 몇 번 안 하고 어렵다고만 해? 제대로 해 보지도 않고 투덜거리기만 하면 어떡해."

아이들이 티격태격하자 할아버지가 다가갑니다. 아이들이 연주하는 악보를 봅니다. 악보를 들고 악보의 흐름에 따라 콧소리를 냅니다. 지휘자처럼 손을 움직이며 소리를 냅니다.

"와, 할아버지 잘한다."

아로가 어깨에 걸친 바이올린을 내리며 할아버지를 쳐다봅니다.

"아로야, 음계를 만든 사람이 누군지 아니?"

"누군데요?"

"피타고라스."

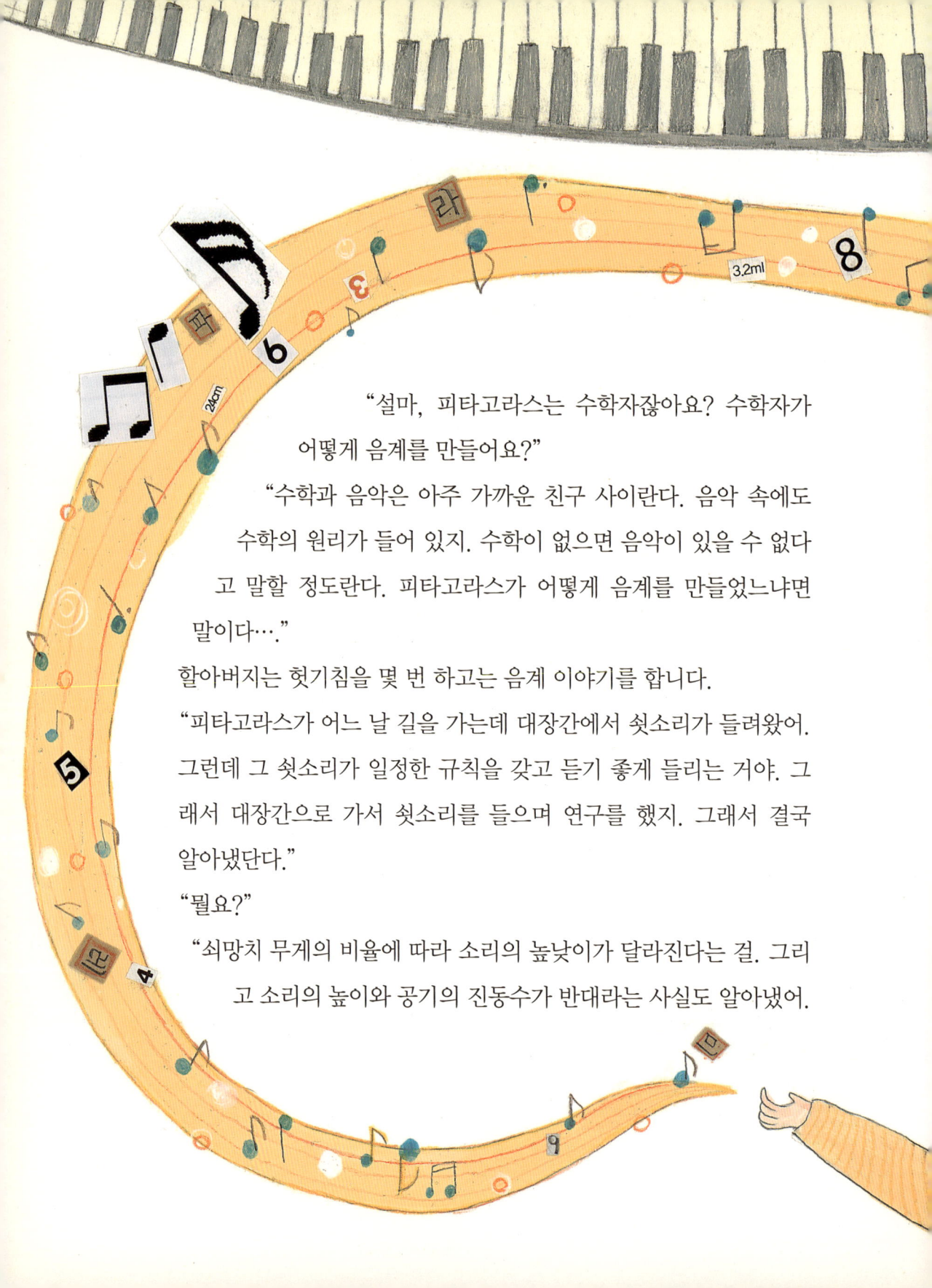

"설마, 피타고라스는 수학자잖아요? 수학자가 어떻게 음계를 만들어요?"

"수학과 음악은 아주 가까운 친구 사이란다. 음악 속에도 수학의 원리가 들어 있지. 수학이 없으면 음악이 있을 수 없다고 말할 정도란다. 피타고라스가 어떻게 음계를 만들었느냐면 말이다…"

할아버지는 헛기침을 몇 번 하고는 음계 이야기를 합니다.

"피타고라스가 어느 날 길을 가는데 대장간에서 쇳소리가 들려왔어. 그런데 그 쇳소리가 일정한 규칙을 갖고 듣기 좋게 들리는 거야. 그래서 대장간으로 가서 쇳소리를 들으며 연구를 했지. 그래서 결국 알아냈단다."

"뭐요?"

"쇠망치 무게의 비율에 따라 소리의 높낮이가 달라진다는 걸. 그리고 소리의 높이와 공기의 진동수가 반대라는 사실도 알아냈어.

그런데 피타고라스는 거기서 그치지 않고 악기를 가지고 음에 대해 더욱 더 열심히 연구를 했단다."

"어떤 악기요?"

"맞혀 봐. 그 악기는 피타고라스가 살던 당시 가장 중요한 악기였단다."

아이들은 눈을 말똥거리며 서로를 쳐다봅니다.

"할아버지, 모르겠어요. 무슨 악기예요?"

"하프! 피타고라스는 하프의 현을 튕겨 가며 음을 연구했단다."

"어떻게요?"

"'도' 소리를 내는 현의 길이를 $\frac{1}{2}$로 줄이고 튕겨 보았더니 '도'보다 한 옥타브 높은 '도' 소리가 났어. 반대로 현의 길이를 두 배로 늘이자 한 옥타브 낮은 '도' 소리가 났고."

가만히 듣고 있던 다로가 말합니다.

"할아버지, 그럼 현의 길이랑 음의 높이는 반대네요."

"그렇지."

할아버지는 다로의 뺨을 쓰다듬고는 다시 이야기를 합니다.

"그런 식으로 피타고라스는 현의 길이와 음의 높낮이를 비교해 가면서 연구했어. 현의 길이를 $\frac{2}{3}$로 줄였더니 '도'보다 4음 높은 '솔' 소리가 났어. 그래서 '도'와 '솔'은 잘 어울리는 조화로운 음임을 알게 되었지."

"그럼 조화로운 음들 사이에는 황금비가 들어 있는 거예요?"

"그런 셈이지. 그러니까 음계에는 황금비가 들어 있는 거란다. 황금비를 이루는 조화로운 음들은 사람의 귀를 즐겁게 하고 마음의 안정을 주지."

할아버지가 다로 곁으로 다가갑니다. 뒤에서 다로를 감싸 안으며 손

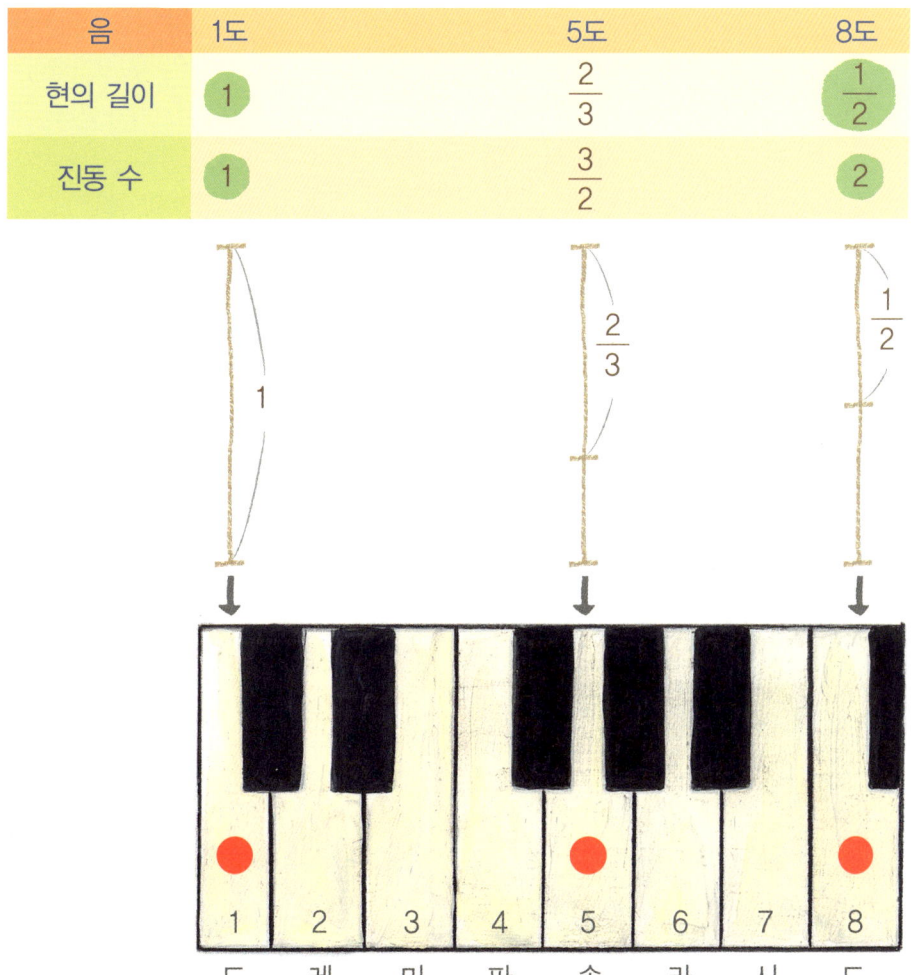

가락으로 피아노 건반을 누릅니다.

"다로야, 황금비는 악보에만 있는 게 아니라 이 피아노 건반에도 숨어 있단다."

"피아노 건반에도요?"

"그래. 여기 봐라. 피아노의 한 옥타브에는 13개의 건반이 있지? 이 13개의 건반은 흰 건반 8개, 검은 건반 5개로 되어 있어. 검은 건반 5개는 다시 2개와 3개로 나뉘지. 결국 피아노 건반에도 $\frac{8}{5}, \frac{5}{3}, \frac{3}{2}$의 황금비가 숨어 있는 거란다."

피아노 앞에 앉은 다로가 건반을 쳐다보며 고개를 끄덕입니다. 매일 눈으로 보고 손으로 만져 본 건반이지만 황금비라는 수학의 비밀이 숨어 있는 줄은 몰랐습니다. 다로는 자기 앞에 놓여 있는 피아노가 왠지 새롭고 신기하게 느껴집니다.

할아버지가 이번에는 아로가 들고 있는 바이올린을 쳐다봅니다.

"그 바이올린 이리 줘 보거라."

아로가 바이올린을 건네주자 할아버지는 어깨에 걸치고는 연주를 합니다. 몸을 좌우로 조금씩 움직이면서 우스운 몸짓으로 연주를 합니다. 졸랑졸랑 까부는 개구쟁이처럼 연주를 합니다. 엉덩이도 좌우로 살살 흔듭니다.

그 모습을 보고 아로가 깔깔댑니다.

"와! 할아버지 멋지다."

아로가 할아버지를 향해 손을 쭉 뻗더니 엄지를 추켜세웁니다. 할아버지는 웃으면서 연주를 합니다. 아로도 다로도 눈을 감고 가만히 듣습니다.

연주를 마친 할아버지가 아로에게 바이올린을 건네줍니다.

"황금비는 피아노뿐만 아니라 이 바이올린에도 숨어 있단다."

아로가 바이올린을 만지며 눈을 깜빡거립니다.

"정말요? 어디에 황금비가 숨어 있어요?"

할아버지는 아로 옆 나무 의자에 앉습니다.

"맑고 깨끗한 최상의 음질과 울림, 폭넓은 음역과 멋진 디자인 등을 고루 갖춘 훌륭한 바이올린을 만들기란 쉽지 않단다. 최상의 품질을 갖춘 바이올린이 제작된 것은 18세기 전반 안토니오 스트라디바리와 쥬세페 과르네리에 의해서지."

"아, 스트라디바리요?"

마로가 안다는 표정을 지으며 할아버지에게 다가갑니다.

"그래. 그들이 만든 바이올린을 살펴보면 몇 가지 비밀이 숨어 있어."

"비밀이요?"

"우선 바이올린의 몸체를 둘러싸는 사각형을 그려 보면 가로, 세로의 길이가 황금비를 이루는 황금사각형이 된단다.

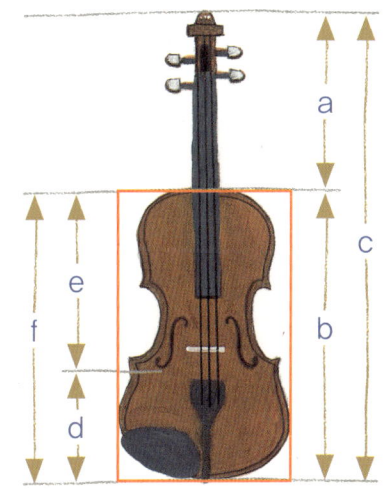

a:b=b:c=1:1.618
d:e=e:f=1:1.618

바이올린의 몸체의 길이와 전체 길이도 황금비를 이루고, 넓은 너비와 좁은 너비, 달팽이 모양의 머리 부위와 f-홀 등이 모두 황금비로 되어 있단다."

할아버지가 이야기하는 동안 아로는 계속 바이올린의 이곳저곳을 살펴봅니다. 앞면을 보고, 뒤집어 뒷면도 살펴보며 손으로 살살 문질러 봅니다.

"황금비는 악기를 제작할 때 중요한 제작 원리로 이용된단다. 그리고 음악가가 작곡을 할 때도 영향을 주지. 실제로 황금비의 원리를 이용해 곡을 만든 음악가들이 많아."

"누가 곡을 만들 때 황금비를 이용했어요?"

"드뷔시, 슈베르트, 모차르트, 베토벤 등 여러 음악가들이 황금비를 이용했단다. 모차르트의 '소나타', 베토벤의 5번 교향곡 '운명' 등은 황금비를 이용해 만든 곡이지."

"쾅쾅쾅 쾅 쾅쾅쾅 쾅 하면서 시작하는 그 음악이요?"

"그래. 운명은 그렇게 문을 두드린다고 해서 제목을 '운명'이라고 한 거래. 그런데 재미있는 건 그 '쾅쾅쾅 쾅' 하는 소리가 새소리에서 힌트를 얻은 거래."

"네? 둘이 하나도 안 닮았는데."

"어느 날 베토벤이 숲을 산책하다가 우연히 '삐삐삐 삐 삐삐삐 삐' 하는 새소리를 듣게 되었어. 그때 들은 새소리에서 영감을 얻어 '운명'이라는 명곡을 작곡하게 된 거야."

"와, 참 신기하네요."

"베토벤뿐만 아니라 많은 음악가들이 그렇게 자연에서 소리를 얻거나 힌트를 얻기도 한단다. 어쨌든 그 곡에 황금비가 들어 있다는 점이 중요해."

"황금비를 이용해서 작곡을 한 음악가는 또 누가 있어요?"

"벨라 바르톡(1881~1945년)이라는 헝가리 음악가가 있는데, 20세기 최고의 작곡가이자 피아니스트야. 그는 악곡의 절정 부분이 황금분할 지점에 오도록 작곡을 했어."

"그게 무슨 말이에요?"

"하나의 곡을 긴 선분으로 본다면 그 선분을 황금분할 하는 지점이 있겠지? 바로 그곳에 가장 중요한 부분을 배치한 거야. 황금분할의 원리를 작곡에 응용한 거지. 그의 유명한 곡 '현악기와 타악기 및 첼레스타를 위한 음악'의 첫 악장은 모두 89소절인데, 55번째 소절에서 가장 절정을 이뤄."

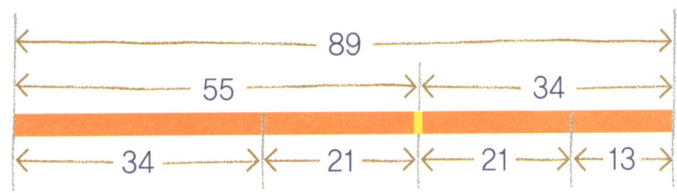

"89소절에서 55번째요? 아, 둘 다 피보나치수열의 수잖아요?"

"그래. 피보나치수열을 이용해 음악에 황금비를 집어넣은 거란다."

마로가 고개를 끄덕입니다. 하지만 다로랑 아로는 알쏭달쏭한 표정입니다.

"아버님, 진지 드세요."

주방에서 엄마가 부르는 소리가 들립니다. 할아버지가 주방 쪽으로 고개를 돌립니다.

"얘들아, 그만 가자."

아이들이 우르르 주방으로 갑니다.

식탁에 앉은 마로는 바삐 움직이는 엄마의 앞치마를 쳐다봅니다. 앞치마에 이상하게 생긴 무늬들이 수놓아져 있습니다. 꼭 어디서 본 것 같은 모양입니다.

마로가 계속 쳐다보자 할아버지가 말합니다.

"앞치마 무늬가 이상하니? 펜로즈 타일 무늬란다."

"펜로즈 타일이요?"

엄마가 김이 모락모락 나는 넓적한 접시를 식탁에 내려놓습니다.

"와!"

아로랑 다로가 제일 좋아하는 오징어무침입니다. 조금 맵기는 하지만 쫀득쫀득한 오징어가 아로는 참 좋습니다. 다로는 씹을수록 고소한 맛이 나는 오징어 다리를 좋아합니다. 입술 가득 빨간 초고추장이 묻은 것도 모르고 아이들은 맛있게 밥을 먹습니다.

밥을 먹고 아이들은 쪼르르 할아버지 서재로 몰려갑니다. 책을 뒤적거리며 내일이면 가게 될 황금비나라를 상상합니다.

"작은오빠, 황금비나라에 가면 뭘 제일 하고 싶어?"

"마법의 샘물이 나오는 키자르 계곡에 꼭 가 보고 싶어. 그 다음엔 황금마름모 양탄자를 타고 황금비나라 전체를 한 바퀴 빙 돌아 보고 싶고. 넌?"

"난 하고 싶은 게 너무 많아. 생각만 해도 너무너무 떨려."

아로랑 다로가 속닥거리는 사이 마로는 건축물에 숨은 황금비를 찾아 봅니다. 엄마가 두른 앞치마에 있던 펜로즈 타일에 대해서도 알아 봅니다. 새롭게 알아낸 사실들을 정리해 황금비 일기를 씁니다.

일기를 다 쓰고는 생각에 잠깁니다.

내일이면 동생들과 함께 황금비나라로 떠날 생각을 하니 가슴이 벅차오릅니다. 무척이나 기대가 되지만 걱정도 됩니다. 하지만 신 나고 재미있는 일들이 벌어질 거라는 생각이 들자 가슴이 자꾸만 쿵쾅쿵쾅 뜁니다.

"애들아, 우리 드디어 내일 황금비나라로 떠날 거야. 기분이 어때?"

다로가 눈을 반짝거리며 말합니다.

"형, 정말 우리 내일 떠나는 거야? 정말로?"

"그래. 내일이 피보가 약속한 날이야. 이 일기장을 들고 가서 피보에게 보여 주면 돼."

아로는 두 손을 가슴 앞에 모아 쥡니다.

"오늘 밤은 잠이 오지 않을 것 같아. 소풍 가기 전날보다 몇 배는 더 설레고 긴장돼."

"형, 나도 마찬가지야."

그때 서재 밖에서 엄마 목소리가 들려옵니다.

"얘들아, 그만 가서 자야지."

아이들은 일어납니다. 서재 불을 끄고 침실로 갑니다.

아이들은 불 꺼진 침실에 누워 천장을 바라봅니다. 천장에는 마로가 붙여 놓은 커다란 야광 우주 사진이 있습니다. 지구가 속해 있는 나선 은하를 찍은 사진입니다. 빙글빙글 도는 소용돌이 나선을 그리면서 수많은 별들이 퍼져 있습니다.

헤아릴 수 없이 많은 별들을 보며 마로는 상상합니다. 언젠가 저곳에 꼭 가 보고 싶다고.

"잘 자, 아로."

"응. 오빠들도 좋은 꿈 꿔."

내일이면 도착해 있을 마법의 황금비나라를 상상하며 아이들은 눈을 감습니다.

하지만 잠이 오지 않습니다. 자려고 하면 할수록 눈이 점점 더 말똥말똥해지고 가슴이 두근거립니다.

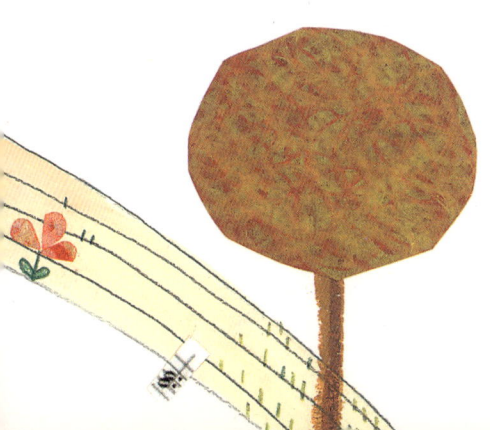

마로의 황금비 일기

건축물에 숨어 있는 황금비

황금비가 잘 적용된 대표적인 건축물은 고대 이집트의 피라미드이다. 피라미드 중에서 가장 널리 알려진 것은 지금부터 약 4500년 전 이집트 사막 한가운데 세워진 쿠푸 왕의 무덤이다. 이 무덤의 밑변과 빗변의 비는 3:5로 황금비에 가깝다.

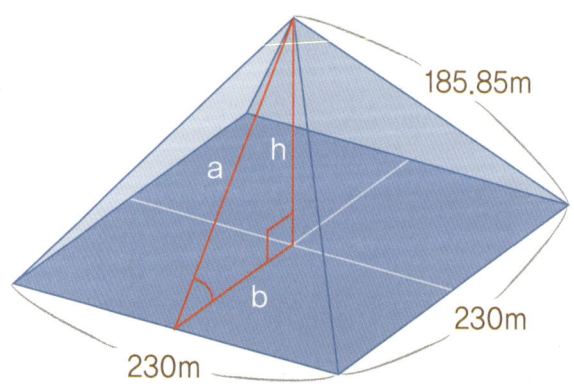

$$b : h : a = 3 : 4 : 5$$

$$\frac{a}{b} = \frac{185.85m}{115.00m} = 1.616$$

이 피라미드는 평균 무게 2.5톤인 돌덩어리 230만 개로 만들어져 있다. 놀랍고도 신비로운 점은 이 많은 돌덩어리들을 어디서 가져왔고, 어떻게 146미터 높이까지 쌓아 올렸냐는 것이다. 고대 이집트에서 수레가 처음 사용된 것은 피라미드 건설 후 수백 년이나 지난 뒤의 일이기 때문에 궁금증은 더욱 커진다.

피라미드와 함께 황금비가 잘 적용된 대표적인 건축물은 고대 그리스 아테네에 세워진 파르테논 신전이다. 파르테논 신전이 아름답게 보이는 것은 그 속에 황금비가 들어 있기 때문이다. 정면에서 봤을 때 세로와 가로의 길이의 비(a:b)가 황금비를 이룬다. 지붕과 기둥의 높이의 비도 황금비로 되어 있다. 또한 평면에서부터 각 기둥의 배치 등 신전 각 부분이 정확하게 기하학적 황금비로 되어 있다.

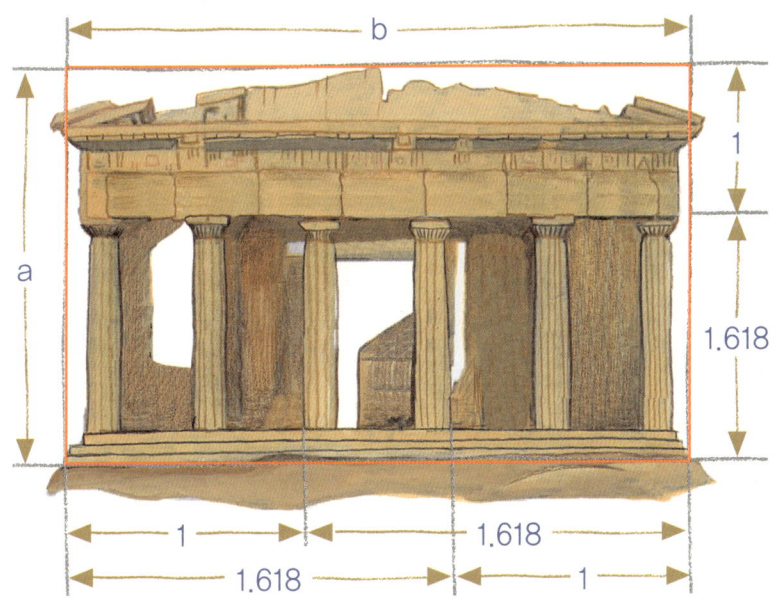

파르테논 신전과 함께 프랑스 파리의 노트르담 대성당 또한 황금비가 잘 나타난 대표적인 건축물이다. 그림에 표시된 것처럼 a:b와 b:c와 d:e가 모두 황금비로 되어 있다.

우리나라 옛 건축물에도 황금비가 잘 나타난 것들이 있다. 대표적인 것으로 배흘림기둥으로 유명한 부석사의 무량수전과, 아름다운 전나무 숲길로 유명한 내소사의 대웅보전이 있다. 신라 시대에 별을 관찰하기 위해 세운 첨성대(국보 제31호)의 윗지름과 밑지름의 비도 황금비에 가까운 3:5이고, 고려 시대의 대표적인 도자기인 청자상감운학문매병(국보 제68호)의 밑지름과 몸통 지름의 비도 3:5다.

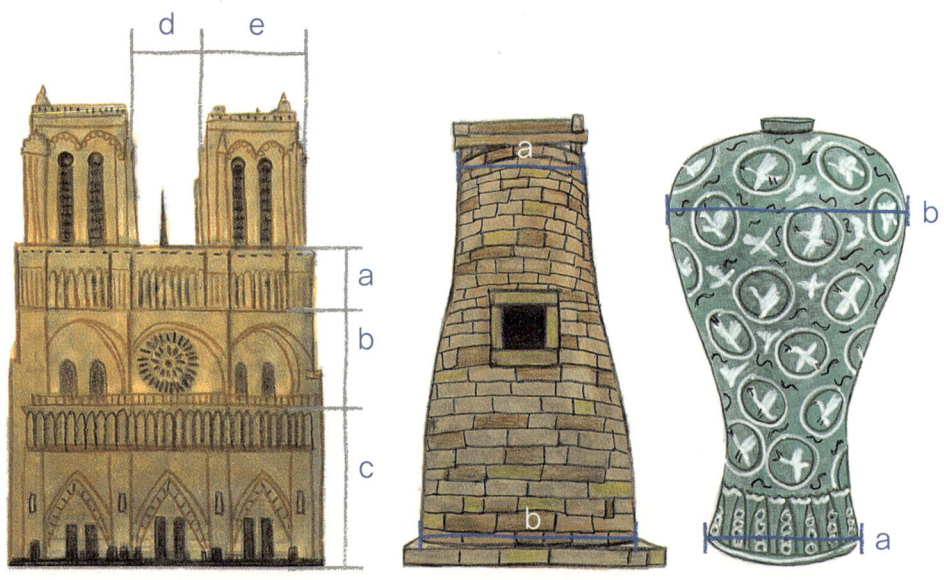

2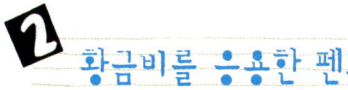

펜로즈 타일은 영국의 수학자 펜로즈(1931년~현재)가 황금삼각형을 결합하여 만든 타일이다. 두 종류가 있는데, 두 마름모 모두 변의 길이와 대각선의 길이가 황금비를 이룬다.

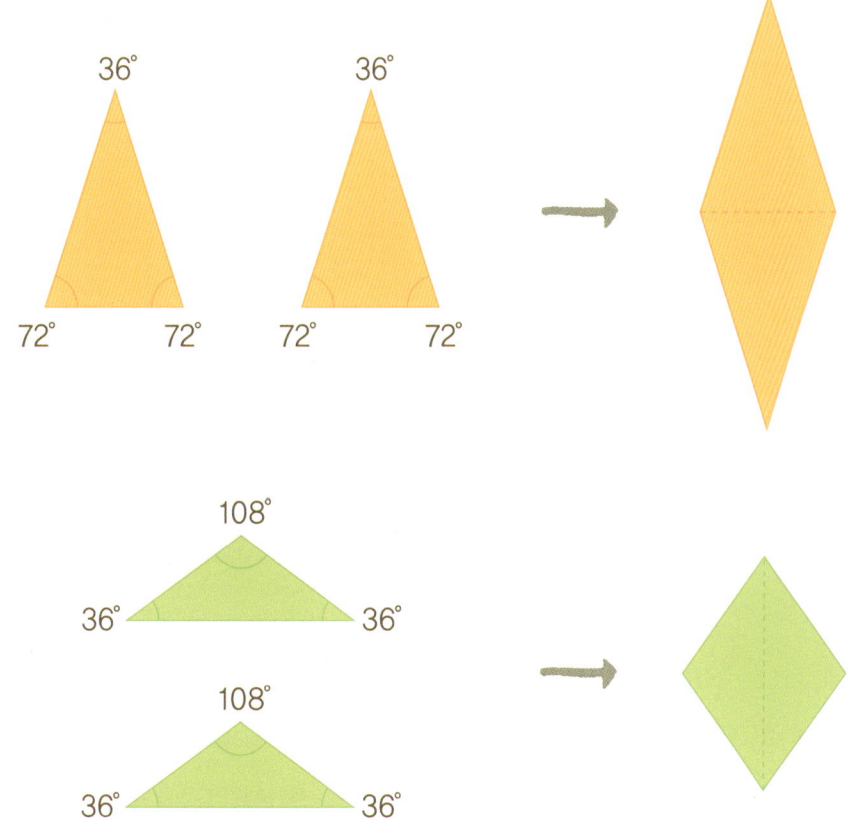

위의 방식과 조금 다르게 황금삼각형을 좌우로 붙이거나 회전시켜 결합하면 아래와 같은 연 모양과 표창 모양이 만들어진다.

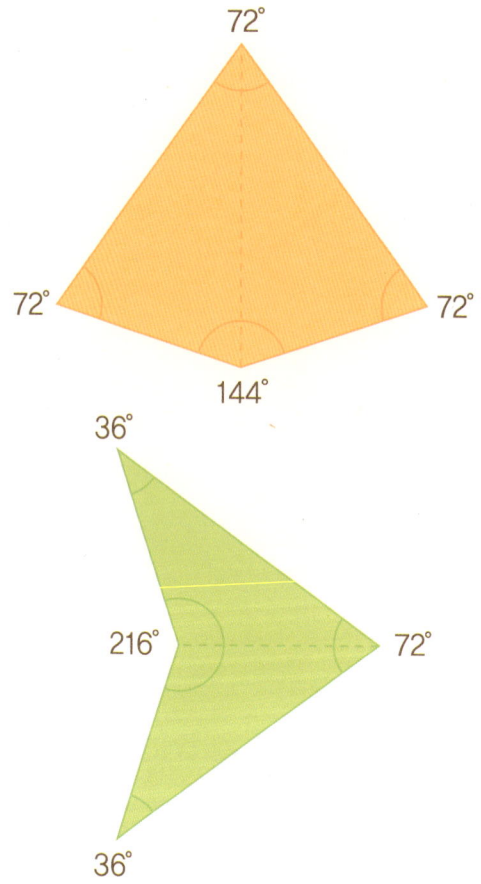

펜로즈는 옥스퍼드대학 수학과 교수로 재직하면서 테셀레이션을 연구하여 여러 가지 무늬의 기하학 타일을 만들었다. 테셀레이션은 쪽맞추기 또는 쪽매맞춤이라고도 하는데, 같은 모양을 반복해서 빈틈이나 겹쳐지는 부분이 없도록 채우는 것을 말한다. 주로 옮기기(평행이동), 돌리기(회전이동), 뒤집기(반사) 같은 방법을 쓴다.

　쪽매맞춤에 의해 만들어지는 기하학적 무늬는 우리 일상생활에 다양하게 사용된다. 타일, 식탁, 커튼, 창문, 침대, 욕실 바닥, 보도블록, 실내장식, 건물의 외장, 의류 등에 매우 유용하게 활용되고 있다.